Chinesisch-deutsche Kulturbeziehungen

Ulrich Steinmüller / Fu Su (Hrsg.)

Chinesisch-deutsche Kulturbeziehungen

Unter Mitarbeit von Stefan Sklenka

PETER LANG

Frankfurt am Main · Berlin · Bern · Bruxelles · New York · Oxford · Wien

Bibliografische Information der Deutschen Nationalbibliothek
Die Deutsche Nationalbibliothek verzeichnet diese Publikation
in der Deutschen Nationalbibliografie; detaillierte bibliografische
Daten sind im Internet über http://dnb.d-nb.de abrufbar.

Umschlaggestaltung
© Olaf Gloeckler, Atelier Platen, Friedberg

Gedruckt auf alterungsbeständigem,
säurefreiem Papier.

ISBN 978-3-631-63695-4
© Peter Lang GmbH
Internationaler Verlag der Wissenschaften
Frankfurt am Main 2013
Alle Rechte vorbehalten.

www.peterlang.de

Vorwort

Die intensive Zusammenarbeit zwischen China und Deutschland ist seit einer ganzen Reihe von Jahren zu beobachten. Während sie sich in früheren Jahren vor allem im politischen und wirtschaftlichen Bereich abspielte, kamen dann der Technologietransfer und die wissenschaftliche Kooperation hinzu, zunächst insbesondere in den natur- und ingenieurwissenschaftlichen Disziplinen. Seit einigen Jahren ist nun allerdings auch ein intensiver wissenschaftlicher Austausch in den Geistes- und Kulturwissenschaften zwischen beiden Ländern zu vermerken.

Ein gutes Beispiel für diese Entwicklung ist die Zusammenarbeit zwischen dem Institut für Literaturwissenschaft am Karlsruher Institut für Technologie (KIT) und der Deutschabteilung des Beijing Institute of Technology (BIT) in Peking, die sich in der Gründung des von beiden Einrichtungen getragenen „Joint Research Center for German Language and Culture" manifestiert.

Zwischen beiden Institutionen herrscht ein reger Austausch, in dessen Rahmen in der Zeit vom 2.9. bis zum 4.9.2011 in Peking eine internationale Tagung mit dem Thema Deutsch-Chinesische Literatur- und Kulturbeziehungen stattfand, unterstützt von den beiden Universitäten in Karlsruhe und in Peking sowie dem Deutschen Akademischen Austauschdienst (DAAD) und seiner Außenstelle in Peking.

Wissenschaftlerinnen und Wissenschaftler von 14 chinesischen und deutschen Universitäten nahmen an dieser Tagung teil, die in einem Plenum und zwei Sektionen zu den Komplexen „Literatur" und „Kultur" arbeitete. Die Beiträge der Sektion „Literatur", die sich mit China und dem Chinabild in der deutschen Literatur befassen, erscheinen in dem von Aihong Jiang (BIT) und Uwe Japp (KIT) ebenfalls im Peter Lang Verlag herausgegebenen Band *„China in der deutschen Literatur 1827 – 1988"*.

Der hier vorliegende Band enthält die Beiträge der Sektion „Kultur", die unter sehr verschiedenen Fragestellungen und Perspektiven das Thema der interkulturellen Kommunikation thematisieren. Dabei zeigt sich ein breites Spektrum von inhaltlichen und methodischen Herangehensweisen jeweils aus chinesischer und aus deutscher Sicht, durch die die Vielfalt, aber auch die Heterogenität des wissenschaftlichen Diskurses zum gleichen Thema deutlich wird: tagesaktuelle Themen, theoretisch grundlegende und systematische Abhandlungen, pragmatische Fragestellungen bis hin zu kommunikationsphilosophischen Reflexionen sind die Gegenstände der hier präsentierten Beiträge.

Die Tagung selbst war bereits eine Übung in interkultureller Kommunikation, bei der sehr verschiedene akademische Kulturen miteinander kommunizierten. Dabei wurde deutlich, was auch in einigen der hier präsentierten Beiträge thematisiert wird, dass es nicht um klischeehafte Positionierungen nach dem Muster „hier China – hier Deutschland" geht, sondern dass akademische Sozialisationen und Traditionen in den beiden Ländern zu sehr differenzierten wissenschaftlichen Positionen und Arbeitsformen führen können. Der hier vorliegende Band liefert daher nicht nur die wissenschaftliche Beschäftigung mit interessanten Fragestellungen und Problemen der interkulturellen Kommunikation, sondern quasi als Subtext auch erhellende Einblicke in wissenschaftliches Arbeiten in interkultureller Konstellation.

Die Herausgeber sind besonders darüber erfreut, dass mit dieser Tagung und der hier vorgelegten Publikation neben renommierten Wissenschaftlerinnen und Wissenschaftlern auch und insbesondere junge Nachwuchswissenschaftlerinnen und -wissenschaftler zu Wort kommen, denen so die ersten Schritte auf dem Parkett der internationalen Kooperation und des wissenschaftlichen Austauschs zwischen China und Deutschland ermöglicht wird. Sie werden diejenigen sein, die auch in Zukunft die Weiterentwicklung eines fruchtbaren Austauschs zwischen beiden Ländern und im internationalen Kontext tragen werden.

Ulrich Steinmüller, Berlin   Fu Su, Peking

Inhalt

Yan YAO   -   Fremdsprachenuniversität Beijing, Peking

Interkulturelle Haltung: Ein kommunikationsethisches Prinzip als Transkulturalität im Zeitalter der Globalisierung

1. Einführung

Mit seinem Begriff „Transkulturalität" umreißt der deutsche Philosoph Wolfgang Welsch eine Gesellschaft ohne deutliche Grenzen separater Einzelkulturen, die sich vor dem Hintergrund der Globalisierung verstärkt abzeichnet, indem er Herders „Kugel"-Kulturbegriff kritisch betrachtet und seinen Transkulturalität-Begriff von dem Begriff Multikulturalität und Interkulturalität abgrenzt. Wolfgang Welschs Theorie der Transkulturalität entspricht in gewissem Grad der Realität der globalisierten Welt, jedoch kann sie die Realität nicht umfassend und allseitig erklären, weil Transkulturalität schon Eigenschaft einer Kultur ist. Es ist dadurch zu begründen, dass jede Kultur schon ein Produkt von interkulturellen Prozessen darstellt und sie an sich ein interkultureller Prozess ist. Bei diesem Prozess werden fremdkulturelle Elemente aufgenommen, die aber das eigentliche Wesen der Kultur nicht verändern oder nur langsam teilweise verändern; die kulturelle Identität bleibt also unverändert. Daher erfolgt noch keine völlige Verwischung oder Aufhebung von kulturellen Grenzen; dies kann auch nur schwer erfolgen.

Gerade vor dem Hintergrund der Globalisierung, die auf einer Kulturvielfalt basierend interkulturelle Interaktionen fördern soll, ist eine weltweite interkulturelle Haltung erforderlich: eine Kombination von sechs Elementen, nämlich gegenseitiger Achtung, gegenseitiger Toleranz, Kooperation, interkulturellem Verstehen und interkulturellem Lernen sowie Entwicklungsperspektive. Diese Haltung dient zu einer vernünftigen kommunikativen Ethik und stellt als solche auch ein ethisches Prinzip für interkulturelle Kommunikation dar. In diesem Zusammenhang soll sich eine interkulturelle Haltung zur eigentlichen Transkulturalität in einer globalisierten Welt machen.

2. Transkulturalität-Begriff von Wolfgang Welsch

Der deutsche Philosoph Wolfgang Welsch hat bei der Kritik an Pufendorf und Herders Kultur-Begriff seinen Transkulturalität-Begriff entworfen. Seiner Ansicht nach entsprächen die traditionellen Kultur-Begriffe der beiden nicht mehr der Realität, weil eine Kultur keine Einheitlichkeit aufweise, sondern heterogen ausfalle. Eine Kultur bedeute nicht mehr nationale Kultur und unterscheide sich nicht wesentlich von anderen Kulturen. Dies begründet er dreifach: Erstens gründe sich die moderne Gesellschaft nicht mehr auf Homogenität, die eigentlich auch nicht möglich sei. Die Lebensweisen und Lebensformen einer Gesellschaft seien vielfältig, die verschiedenartige (Sub)Kulturen in sich bergen. Eine Gesellschaft sei somit an sich schon multikulturell geworden. Zweitens impliziere Herders Kulturbegriff die Geschlossenheit einer Kultur und setze diese mit der geographischen Ausdehnung des Wohn- und Sprachgebrauchsgebiets einer Kultur gleich. So ein Kultur-Begriff sei hochgradig fiktiv und politisch gefährlich. Drittens betone Herders Kulturbegriff die Eigenkultur und halte Fremdkultur fern. Er betone die interne Homogenität und grenze strikt das Interne von dem Externen ab. Streng genommen tendiere er in dieser begrifflichen Konsequenz zu kulturellem Rassismus. Insgesamt werde das klassische Kulturmodell nicht mehr der Realität gerecht und man solle aus einer Perspektive, die über die Gegenüberstellung von Fremd- und Eigenkultur hinausgeht, die Kultur betrachten.[1]

Nach der kritischen Betrachtung der o.g. Kultur-Begriffe stellt Welsch den Begriff „Transkulturalität" auf. In seinen Augen seien die Begriffe Multikulturalität und

---

[1] Vgl. Welsch, Wolfgang: Transkulturalität: Zwischen Globalisierung und Partikularisierung, S. 46-49. In: Drechsel, Paul u. a.(Hrsg): Interkulturalität - Grundprobleme der Kulturbegegnung, Mainz 1999, S. 45-72

10

Interkulturalität noch nicht vom traditionellen Kulturbegriff abgekoppelt, sondern setzten Kulturen als geschlossene und separate Inseln voraus. In dem Begriff Interkulturalität verberge sich die Lösung der Konflikte durch Dialoge, die traditionelle Kulturbegriffe notwendigerweise zur Folge hatten. Theorien im Bezug auf Interkulturalität hätten die Wurzel der Probleme nicht angegangen und seien nicht in der Lage, Probleme hinsichtlich Kulturkonflikte, -koexistenz und -kooperation zu lösen. Um diese Probleme zu lösen, müsse man die Realität erkennen, dass moderne Kulturen schon verschmölzen und sich durchdrängen und somit Transkulturalität aufwiesen. [2] Er stellt auf zwei Ebenen die Transkulturalität fest: Auf der Makroebene verflöchten sich die Kulturen und jede Kultur enthalte in sich Elemente aus anderen Kulturen, was die Folge der wirtschaftlichen Integration und Globalisierung darstelle. Gleichzeitig sehe sich jede Kultur mit manchen gleichen Problemen konfrontiert, und gleiches Bewusstsein entstehe daraus. Es gebe nicht das Fremde und das Eigene im strengsten Sinn. Alles lasse sich in interne Beziehungen und externe Beziehungen gliedern. Auch in den internen Beziehungen sei die Fremdheit zwischen verschiedenen Lebensformen nicht niedriger als die zwischen der Eigenkultur und Fremdkultur. Genauer gesagt, existiere die deutliche Grenze zwischen der Eigenkultur und Fremdkultur nicht mehr. Auf der Mikroebene setze sich das Individuum oft den verschiedenen Kulturen aus, und es identifiziere sich mit seiner Kultur nicht aufgrund von einer Kulturnation. Die meisten Individuen seien in ihrer kulturellen Formation durch mehrere kulturelle Herkünfte und Verbindungen bestimmt. Daher ließe sich die kulturelle Identität mit der nationalen Identität nicht gleichsetzen. [3]

Doch mit dem Begriff Transkulturalität wird nicht die bloße Vereinheitlichung oder Homogenisierung der Kulturen gemeint, sondern aufgrund der unterschiedlichen kulturellen Quellen entständen bei transkulturellen Netzen neue Unterschiedlichkeiten neben den Gemeinsamkeiten. Transkulturelle Netze seien aus unterschiedlichen Fäden zusammengesetzt

---

[2] Vgl. A.a.O., S. 50-51
[3] Vgl. A.a.O., S. 51-54

und auf unterschiedliche Weise gewebt. Dank der Transkulturalität bestände doch kulturelle Mannigfaltigkeit.[4]

3. Kritische Überlegungen zu „Transkulturalität": Kultur ist Interkultur

Welschs Transkulturalität-Begrifft entspricht in gewissem Grad der gegenwärtigen Realität. Wirtschaftliche und technische gegenseitige Förderung führt zur wirtschaftlichen Verflechtung der Welt, wobei alle Länder manche gleiche Ansichten vertreten, sich mit gleichen Problemen konfrontiert sehen, und deren Kulturen einander durchdringen. Ein Merkmal dafür besteht darin, dass sich Wertvorstellungen aus entwickelten Ländern auf der Welt verbreiten.

Der Transkulturalität-Begriff weist Ähnlichkeiten wie der offene Kultur-Begriff des deutschen Wissenschaftlers Jürgen Bolten auf. Dieser gliedert den Kultur-Begriff im weiteren Sinne in einen geschlossenen und einen offenen Kultur-Begriff. Der erstere grenze sich räumlich ab. Politisch habe er die gleiche Bedeutung wie Nation, geographisch Länderregion, sprachlich die Sprachgemeinschaft, und geistesgeschichtlich bedeute er eine ideen- oder religionsgeschichtlich kompatible Gemeinschaft mit lokalem Bezug. Im häufigen Gebrauch sei nun der Kulturbegriff im Sinne von Nationalstaat. Der letztere offene Kulturbegriff sei eher dynamisch und funktional. Damit werde die Kulturgrenze durchbrochen und die Kultur stelle keine homogene Kugel oder Container dar, sondern die Konventionen oder gemeinsamen Gefühle, die sich bei Interaktionen einer Gruppe herausbildeten. Kultur in diesem Sinne sei konventionalisierte Reziprozitätspraxis.

Der Transkulturalität-Begriff und der offene Kultur-Begriff unterstreichen die „Gleichheit" und die dynamische Durchdringung der verschiedenen Kulturen. Aber er kann die Realität nicht umfassend beschreiben. Wie Bolten meint, basiere der offene Kulturbegriff auf Ulrich Becks Idee der „Zweiten Moderne", die sich wiederum an wirtschaftlicher Globalisierung der

---

[4] Vgl. A.a.O., S. 59

entwickelten Länder orientierte und es außer Acht gelassen habe, dass sich vielerorten auf der Welt gerade Nationalstaaten etablierten oder diese noch nicht entstanden seien. Viele Länder seien noch nicht in die Globalisierung eingebunden. So sollte man mit dem Gebrauch eines offenen Kulturbegriffs sehr vorsichtig sein und sich nicht vorschnell von einem geschlossenen Kulturbegriff im Sinne von Nation, Region, Sprachgemeinschaft oder ideen- oder religionsgeschichtlich kompatibler Gemeinschaft mit lokalem Bezug verabschieden.[5] Dieser eher geschlossene Kulturbegriff herrscht noch vor. Das gilt auch für den Transkulturalität-Begriff. Zwar beschleunigt die Globalisierung den Verschmelzungsprozess, dennoch verschwinden Unterschiede zwischen den einzelnen Nationalkulturen nicht. Kultur als ein gesellschaftliches Phänomen ist von Kommunikationen zwischen Menschen abhängig. Sie ist Produkt der Kommunikation sowohl innerhalb einer Volksgruppe als auch zwischen ihnen. Keine Kultur etabliert sich als ein geschlossenes, reines und unvermischtes System, ohne Leistungen aus anderen Kulturen oder Zivilisationen zu übernehmen, und es gibt auf der Welt „keine Kultur, die ohne Übernahme fremdkultureller Elemente fortbestehen können."[6] Glänzend und florierend sind häufig die Kulturen, die eine Menge von verschiedenartigen Elementen aus allen Quellen in sich aufnehmen und kompatibel machen. Darum lässt sich eine Kultur in den kommunikativen Beziehungen mit anderen Kulturen betrachten.

Solche kommunikativen Beziehungen bilden ein Netzwerk, das Kulturen durch dynamische Kommunikationen verflicht. Damit stehen Kulturen untereinander immer im Zusammenhang. Der deutsche Kulturwissenschaftler Paul Drechsel ist der Ansicht:

„Kulturen sind im allgemeinen interkulturell verfasst. Sie sind dies sowohl ihrer Genese wie bleibenden Zügen ihrer Verfassung und vielen ihrer Optionen nach. Verflechtungen gehören zur Konstitutionsmasse wie zur Gesamtarchitektur der Kulturen. Diese interkulturellen Verflechtungen sind meist nicht hierarchisch, sondern

---

[5] Vgl. Bolten, Jürgen: Einführung in die interkulturelle Wirtschaftskommunikation. Göttingen 2007, S. 46-52
[6] Jiang Menglin: Xi Chao, Tianjin 2008, S. 221.

lateral organisiert. Ihr Zusammenhang hat eher die Struktur eines Gespinstes als die einer Schichtung."[7]

Kultur an sich ist schon Produkt interkultureller Kommunikation, eine Interkultur und befindet sich in einem dynamischen interkulturellen Kommunikationsprozess.

In diesem interkulturellen Kommunikationsprozess ist Transkulturalität im Sinne von Kulturverschmelzung keine Eigenschaft der gegenwärtigen Welt. Geschichtlich gesehen hat jede Kultur Elemente aus anderen Kulturen in sich aufgenommen und weist keine Homogenität im eigentlichen Sinn auf. Doch in jeder Kultur herrschen manche Elemente vor, die sich von denen aus anderen Kulturen unterscheiden. Es sind gerade diese Elemente, die Kulturen voneinander unterscheiden und eine kulturelle Vielfalt ermöglichen. Die gegenseitige Durchdringung zwischen Kulturen und die daraus resultierende Gleichheit kann die kulturellen Unterschiede nicht verdrängen. Globalisierung heißt nicht Verschwinden der Kulturvielfalt und Vereinheitlichung der Kulturen, gerade im Gegenteil: Es ist erforderlicher denn je, dass jede Kultur in dieser Vereinheitlichungstendenz ihre Eigenheiten beibehält, auf ihre Traditionen zurückgreift und ihre Eigentümlichkeiten zur Geltung bringt.

4. **Interkulturelle Haltung: Ein kommunikationsethisches Prinzip als Transkulturalität in der globalisierten Zeit**

In diesem Zusammenhang wird eine vernünftige Haltung gegenüber den vielfältigen Kulturen erfordert, die von allen Kulturmitgliedern zu teilen ist. Damit wird eine interkulturelle Haltung mit sechs Faktoren wie gegenseitiger Achtung, Toleranz, Kooperation, interkulturellem Verstehen und interkulturellem Lernen sowie einer Entwicklungsperspektive gemeint. Sie ist eine aufgeschlossene, zum interkulturellen Dialog bereite Haltung von Staat und Gesellschaft, von Organisationen und von Individuen beim Umgang mit einer Fremdkultur. Sie gilt als „transkulturell" im Sinne von „die Kulturen durchdringend, von allen

---

[7] Drechsel, Paul: Paradoxien interkultureller Beziehungen. S. 194. In: Drechsel, Paul u. a.: Interkulturalität - Grundprobleme der Kulturbegegnung. Mainz 1999, S. 173-212

geteilt". Erst so eine Haltung kann die Kulturvielfalt ermöglichen und die friedliche Koexistenz und Austausch aller Kulturen gewährleisten. Sie wirkt damit als ein ethisches Prinzip in der interkulturellen Kommunikation, um diese als zwischenmenschliche kommunikative Aktivitäten vernünftig zu regulieren.

4.1 Gegenseitige Achtung

Heute leben wir in einer Kommunikationsgesellschaft mit häufigen intra- und interkulturellen Kommunikationsformen vor dem Hintergrund der Globalisierung. Darum ist ein Bewusstsein für Kommunikation und Austausch erforderlich. Nach Habermas muss „aus der Zugehörigkeit zu einer idealen Kommunikationsgemeinschaft ein Bewusstsein unkündbarer Solidarität, die Gewißheit der Verschwisterung in einem gemeinsamen Lebenszusammenhang entspringen".[8] Jeder Kommunikationsteilnehmer hat das Recht, geachtet zu werden.

„Eine Person achten wir als solche wegen ihrer Fähigkeit, autonom zu handeln,...Als Person achten wir jemand nicht, weil er uns imponiert oder in dieser oder jener Hinsicht Wertschätzung verdient; nicht einmal weil er grundsätzlich in der Lage ist und durch sein Verhalten bezeugt, Glied einer Gemeinschaft zu sein', d.h. überhaupt Normen des Zusammenlebens zu genügen."[9]

Er soll die anderen achten wie auch umgekehrt geachtet werden, ohne die soziale Stellung, Titel, Vermögenslage etc. zu berücksichtigen. Kommunikationspartner aus unterschied- lichen Kulturen sollen sich gegenseitig achten, unabhängig davon, aus welcher Kultur er/sie kommt. Jeder Kommunikationspartner ist zu achten, weil er/sie als Person ein gleichberechtigtes Mitglied einer Kommunikationsgemeinschaft ist.

Das Wesen der Kommunikation besteht in der Reziprozität. In den westlichen Gesellschaften kennt man als goldene Regel das Bibelzitat: „Alles nun, was ihr wollt, daß

---

[8] Vgl. Habermas, Jürgen: Erläuterung zur Diskursethik, 2. Auflage, Frankfurt am Main 1992, S. 72
[9] A.a.O., S. 149

die Menschen euch tun, das tut ihnen ebenso." (Matthäus 7, 12; Lukas 6, 31), in China den Ausspruch des Konfuzius: „Was du nicht willst, dass man dir tu', das füg auch keinem andern zu". Die Goldene Regel impliziert eine gegenseitige Achtung, die eine Natur der Reziprozität in sich hat. Bei der interkulturellen Kommunikation kommt noch als zusätzliche Dimension der Aspekt der Kultur hinzu, wobei die Eigen- und die Fremdkultur gleichermaßen von beiden Kommunikationspartnern geachtet werden muss. Jede Kultur hat ihre geschichtliche Tradition, von der ihre Kulturmitglieder geprägt sind. Jede Kultur hat ihren eigenen Stellenwert und muss somit als gleichberechtigt betrachtet werden. Es gibt keine „gute" oder „schlechte" Kultur, es gibt nur unterschiedliche Kulturen. Achtet man den Kommunikationspartner, achtet man den Stellenwert seiner Kultur, so akzeptiert man den Stellenwert seiner und der fremden Kultur.

4.2 Toleranz

Achtet man eine für einen selbst fremde Kultur, übt man Toleranz. Toleranz verweist auf eine Einstellung, bei der man von einem neutralen Standpunkt aus das Unerwünschte vernünftig betrachtet, analysiert, damit umgeht und es selektiv erträgt, ohne gegen seine eigenen grundlegenden Prinzipien zu verstoßen. Toleriert wird schließlich das, was anders ist als das, was man für sich als selbstverständlich empfindet oder dem sogar widerspricht. Toleranz bedeutet also, „Andersheit" zu akzeptieren. Umgekehrt trifft dies natürlich ebenso auf den anderen zu: auch dieser wird das uns Selbstverständliche teilweise nur schwer akzeptieren können. Toleranz muss daher eine gegenseitige Haltung sein: „Das andere" zu tolerieren, räumt den anderen Möglichkeit ein, einen „Selbst" zu tolerieren. Das ist eine Form der impliziten Reziprozität der Goldenen Regel.

Aus der Religionsgeschichte, der Weltgeschichte sowie der gegenwärtigen Weltwirklichkeit kann man ersehen, dass Kämpfe oder Konfrontationen zwischen Kulturen nie zu Harmonie oder Frieden führen. Der beste Weg zur harmonischen Koexistenz der Kulturen liegt in der gegenseitigen Toleranz, im reziproken Verständnis und im Dialog. Toleranz als eine Tugend hat mit Respekt und Anerkennung zu tun. Sie ermöglicht den Dialog der Kulturen in ihrer ganzen Vielfalt.

4.3 Kooperation

Der Begriff „Kooperation" verweist auf eine Bereitschaft, kommunikative Handlungen zu koordinieren, positive Interaktionen herbeizuführen und harmonische Beziehungen unter den Kommunikationspartnern entstehen zu lassen. „Harmonische Beziehung" heißt nicht, dass Unterschiede überdeckt oder Widersprüche und Konflikte vermieden werden sollen. Der Begriff bezeichnet vielmehr einen Zustand, der „harmonisieren, aber nicht sich anpassen" meint, er betont die „harmonische Einheit aus Diversifikationen statt Gleichheit". Unter „Kooperation" ist auch eine Bereitschaft zu verstehen, „nach Gemeinsamkeiten [zu] suchen und Unterschiede [zu] belassen". Von einer solchen Kooperation kann jedoch nur dann gesprochen werden, wenn diese Bereitschaft von Seiten aller Kommunikationspartner kommt. Andernfalls teilen sich die Partner in eine überlegene und eine unterlegene Gruppe, wenn nur eine oder einige Seiten bereit sind, Kompromisse zu machen. Dies widerspricht dem Prinzip der Gleichberechtigung.

4.4 Interkulturelles Verstehen

Dem interkulturellen Verstehen und Lernen liegt eine friedliche Haltung der Achtung und Toleranz zugrunde. Verstehen ist ein Prozess, bei dem das Subjekt auf Grund seines Verstandes, seiner Erlebnisse und Erfahrungen sich selbst und die Welt kognitiv erkennt, um dann neue Informationen und Kenntnisse in sein eigenes Wissenssystem einzufügen. Verstand, Erlebnis und Erfahrung sind wichtige Kontextfaktoren für das Verstehen, wobei Erlebnis und Erfahrung kulturabhängig sind. Der Kulturkontext beeinflusst entscheidend, wie wir Sprache verstehen. Verstehen bedeutet nicht nur inhaltliches Verstehen der Wörter, sondern deren Bedeutung im Kontext der Kultur. Kommen die Kommunikationspartner aus derselben Kultur, teilen sie mehr Gemeinsames und können sich daher leichter ohne Missverständnisse verständigen. Anders die Kommunikationspartner aus unterschiedlichen Kulturen: Hier gibt es weniger Gemeinsamkeiten, und sie müssen deswegen mehr

Hindernisse überwinden, um sich zu verständigen. Die unterschiedlichen geschichtlichen Traditionen der Eigen- und der Fremdkultur auf der Makroebene haben die unterschiedlichen Lebenserfahrungen bzw. die Lebenswelt der Kommunikationspartner auf der Mikroebene geprägt, was in Folge ihre Weltsicht beeinflusst. Ein interkulturelles Verstehen kann nicht unabhängig vom Kulturkontext auf der Makroebene erfolgen.

Interkulturelles Verstehen umfasst die folgenden Aspekte:

Einmal die Bewusstwerdung, das Verstehen und die Identifikation mit der Eigenkultur, wobei die Eigenkultur die feste Basis ist, von der aus der Blick auf die Welt gerichtet wird. Interkulturelles Verstehen meint *zweitens* das tatsächliche Verstehen einer fremden Kultur durch Interpretation. Fehlinterpretationen führen entweder zu positiven oder zu negativen Missverständnissen. Um negative Missverständnisse zu vermeiden und positive Missverständnisse zu fördern, sollte man bemüht sein, eine fremde Kultur möglichst aus ihrer eigenen Perspektive zu verstehen und dabei die Eigenkultur zu relativieren. *Drittens* bedeutet interkulturelles Verstehen das Re-Verstehen der Eigenkultur aufgrund vom Fremdkultur-Verstehen. Jede Kultur spiegelt sich wider im Vergleich mit anderen Kulturen. Eigen- und Fremdkultur kommen einander fremd vor. Beim Versuch des interkulturellen Austausches haben wir einen Standpunkt zwischen den Kulturen einzunehmen. Erst bei dieser Überschreitung der eigenen Grenze und der Distanz zur Eigenkultur stellen wir die Systematik und die Einflüsse der Eigenkultur heraus. Gleichzeitig können wir sensibel werden für die fremdkulturellen Sinnzusammenhänge.[10] *Viertens* bedeutet interkulturelles Verstehen die Bemühung, die Eigenkultur für die Fremdkultur verständlich zu machen. Es zielt darauf ab, der Fremdkultur die Eigenkultur deutend vorzustellen, und zwar aus einer von der Fremdkultur akzeptablen Perspektive, die jedoch die eigenkulturelle Position nicht verleugnet. Das trägt zur interkulturellen Verständigung und zur raschen Integration der Eigenkultur in die multikulturelle Welt bei. Interkulturelles Verstehen erfolgt durch den

---

[10] Vgl. Pohl, Karl Heinz, Yu Zhongguo zuo kuawenhua duihua, Beijing 2000, S. 97. (übersetzt von der Autorin des vorliegenden Beitrags)

Dialog, um gemeinsame Werte herauszufinden. Diese Werte sind Grundlage und Katalysator für das gegenseitige Verstehen.

4.5 Interkulturelles Lernen

Interkultureller Dialog und interkulturelles Verstehen lassen sich auch als Prozesse des interkulturellen Lernens verstehen. Die rapide Entwicklung von Wirtschaft und Technologie, die eine ständige Veränderung der individuellen Laufbahn und aller Lebensbereiche nach sich zieht, stellt neue Forderungen an den Menschen: das lebenslange Lernen. Daher wird interkulturelles Lernen notwendigerweise zu einem Hauptbestandteil des Lebens und betrifft nicht nur Individuen, sondern ganze Kulturen. Bei ersteren geht es um die Überlebensfähigkeit des Individuums in seiner Welt, die tagtäglich direkt oder indirekt von der Globalisierung beeinflusst wird, während es bei letzteren um den Weiterbestand einer ganzen Kultur in einer globalisierten Welt geht.

Der erste Schritt interkulturellen Lernens sind die vermehrten Kenntnisse der eigen- wie der fremdkulturellen Geschichte und Tradition. Der zweite Schritt liegt in dem Verstehen der Fremdkultur aus einer toleranten Haltung heraus, vor allem dem Verstehen von Wertanschauung und Ethik des Fremden. Wertanschauung und Ethik sind Kern einer Kultur und können verschiedene Ausformungen haben, die jedoch diesen Kern widerspiegeln. Drittens: Diese fremde Wertanschauung oder Ethik darf nicht abgewertet werden, auch wenn sie für die Rezipienten nicht akzeptabel ist. Diese sollten vielmehr versuchen, die Eigen- und Fremdkultur aus der fremdkulturellen Perspektive zu analysieren und zu verstehen. Viertens müssen die Werte, die Wertanschauung und die Ethik der Eigen- und der Fremdkultur reflektiert werden, um Gemeinsamkeiten oder zumindest Ähnlichkeiten festzustellen. Dazu gehört auch die Reflexion fremdkultureller Werte, der Wertanschauungen und Ethik, die in der Eigenkultur fehlen, und zwar mit der Überlegung, ob sie eventuell in die Eigenkultur übernommen werden können.

Der Globalisierungsprozess stellt an alle Menschen höhere Anforderungen: globales Lernen ist daher unumgänglich. Dies bedeutet nicht nur interkulturelles und lebenslanges Lernen, um den einzelnen für den globalen Wandel fit zu machen. Vielmehr dient es der Allgemeinheit. Globales Lernen muss zu einer Ecksäule der Globalisierung werden und eine friedliche Entwicklung garantieren. In der *„Hamburger UNESCO-Deklaration zum Globalen Lernen im Erwachsenenalter"* (*The Hamburg Declaration on Adult Learning*) aus dem Jahr 1997 wurde die Bedeutung des lebenslangen Lernens für die Entwicklung aller Lebensbereiche der Menschheit im 21. Jahrhundert hervorgehoben, und zwar mit der Auffassung, dass im Lernen die entscheidende Voraussetzung für die Existenz und Bewältigung der künftigen Herausforderungen liegt.[11] *Die Agenda für die Zukunft des Lernens im Erwachsenenalter* hebt in der Interpretation der Hamburger Deklaration noch einmal die weltweite Friedenserziehung und Bildung eines interkulturellen Dialogs hervor.[12] Daraus wird deutlich, dass interkulturelle Bildung und interkulturelles Lernen im globalen Lernen eine nicht zu unterschätzende Rolle spielen. Sie sind Garanten für eine friedliche Entwicklung der Welt und eine friedliche Koexistenz der Kulturen.

4.6 Entwicklungsperspektive

Entwicklungsperspektive ist immer auch eine geschichtliche Perspektive, d.h. eine interkulturelle Kommunikation ist vom Standpunkt der geschichtlichen Entwicklungsstufe einer Gesellschaft ausgehend zu betrachten. Angesichts unterschiedlicher Ursprünge, Traditionen, Religionen, Geographien usw. erfährt jede Kultur ihren eigenen Entwicklungsverlauf. Jede Kultur ist hinsichtlich ihrer diachronischen Entwicklung einzigartig. Diese Einzigartigkeit findet sich auch in der Koexistenz der Kulturen in einem bestimmten Zeitraum. Synchronisch gesehen unterscheidet sich eine Kultur von einer anderen durch ihre Eigenart, deren historischen Elemente sie von anderen Kulturen abheben. Unter-

---

[11] Vgl. UNESCO: Hamburger Deklaration zum Lernen im Erwachsenenalter. http://www.unesco.ch/pdf/declagendade.pdf, S. 3
[12] Vgl. UNESCO: Hamburger Deklaration zum Lernen im Erwachsenenalter. http://www.unesco.ch/pdf/declagendade.pdf, S. 8

schiedliche Kulturen befinden sich zu einer bestimmten historischen Zeit in unterschiedlichen Entwicklungsstadien. Diese Einzigartigkeit des historischen Entwicklungsprozesses und des Entwicklungsstadiums prägt die Ausformung einer Kultur und unterscheidet sie von anderen Kulturen. Eine Kultur kann von anderen Kulturen Elemente übernehmen, doch nie sind Kulturen deckungsgleich.

Dies ist ebenfalls eine Möglichkeit interkulturellen Verstehens, nämlich zu versuchen, die Fremdkultur aus ihrer eigenen Perspektive zu betrachten, also ihrer historischen Entwicklung Platz einzuräumen, die Eigenart ihrer Entwicklung aufgrund ihrer historischen Tradition anzuerkennen, um zu erkennen, in welcher Entwicklungsphase diese Kultur sich momentan befindet. Auf diese Weise kann man diese Kultur in ihrer bestimmten Entwicklungsphase verstehen und vermeidet so, die Eigenkultur als Maßstab zu nehmen und diesen der Fremdkultur aufzuzwingen. Viel wichtiger ist ein Bewusstsein, dass Fremd- und Eigenkultur in der interkulturellen Interaktion sehr wohl einen kreativen Entwicklungsweg einschlagen können, der den jeweiligen historischen Gegebenheiten der Kulturen entspricht.

Eine Entwicklungsperspektive ermöglicht Kommunikationsteilnehmern, interkulturelle Probleme in diachronischen historischen Zusammenhängen zu betrachten und synchronische Phänomene diachronisch zu verstehen und damit umzugehen, um dann auf einer tieferen Ebene Probleme zu verstehen, zu analysieren und Lösungen zu finden.

Diese interkulturelle Haltung mit den sechs Faktoren gegenseitiger Achtung, Toleranz, Kooperation, interkulturellem Verstehen und interkulturellem Lernen sowie einer Entwicklungsperspektive sollten alle Kommunikationsteilnehmer einnehmen und eine interkulturelle kommunikative Ethik befolgen. Nur wenn alle Kommunikationsteilnehmer diese Haltung einnehmen und sie transkulturell wird, kann eine erfolgreiche interkulturelle Kommunikation stattfinden, so dass in Folge alle Kulturen der Welt bei gleichberechtigter Koexistenz eine gemeinsame, für alle fruchtbare Entwicklung nehmen können.

Bibliographie:

Bolten, Jürgen: Einführung in die interkulturelle Wirtschaftskommunikation, Göttingen 2007

Drechsel, Paul: Paradoxien interkultureller Beziehungen. In: Drechsel, Paul u. a. (Hrsg.): Interkulturalität - Grundprobleme der Kulturbegegnung, Mainz, 1999, S. 173-212

Habermas, Jürgen: Erläuterung zur Diskursethik, 2. Auflage, Frankfurt am Main 1992

Jiang Menglin: Xi Chao, Tianjin 2008

Pohl, Karl Heinz, Yu Zhongguo zuo kuawenhua duihua, Beijing 2000

UNESCO: Hamburger Deklaration zum Lernen im Erwachsenenalter.
http://www.unesco.ch/pdf/declagendade.pdf

Welsch, Wolfgang: Transkulturalität: Zwischen Globalisierung und Partikularisierung. In: Drechsel, Paul u. a. (Hrsg.): Interkulturalität - Grundprobleme der Kulturbegegnung, Mainz 1999, S. 45-72

Ulrich Steinmüller - Technische Universität Berlin

Lernziele für Deutsch als Fremdsprache in China:

Kulturkontrast oder interkulturelle Kompetenz?

Fremdsprachenkenntnisse sind im Zeitalter der Globalisierung und der ständig enger werdenden internationalen Verflechtungen zu einer Notwendigkeit geworden wie vielleicht noch nie zuvor. Internationale Kontakte, wirtschaftliche und wissenschaftliche Zusammenarbeit, kulturelle Begegnungen sind ohne angemessene Kommunikationsmittel nicht denkbar. Ohne Zweifel ist seit vielen Jahren die englische Sprache die am häufigsten gelernte und verwendete Fremdsprache weltweit. Das bedeutet aber nicht, dass andere Sprachen bedeutungslos sind. Das Gegenteil ist der Fall: Weil die Beherrschung der englischen Sprache für Viele fast schon eine Selbstverständlichkeit ist, stellt die Beherrschung einer oder mehrerer weiterer Fremdsprachen den entscheidenden Qualifikationsvorsprung dar. Und hier kommen dann die in China sogenannten „kleinen Sprachen" wie Deutsch, Französisch, Japanisch, Russisch, Italienisch, Spanisch, um nur einige zu nennen, ins Spiel.

Die Ziele, die mit dem Unterricht fremder Sprachen verfolgt werden, ergeben sich nicht nur aus wissenschaftlichen Analysen und Ergebnissen, sondern sie sind immer auch von gesellschaftlichen, ökonomischen und politischen Faktoren beeinflusst oder sogar geprägt. Fremdsprachen wurden und werden niemals und nirgends nur um ihrer selbst willen gelehrt und gelernt, was heute allein schon daran erkennbar ist, dass der Fremdsprachenunterricht in die öffentlichen Bildungssysteme integriert ist und zu großen Teilen aus Steuergeldern finanziert wird. Auch staatliche Vorgaben für Curricula und Prüfungen zeigen das

23

gesellschaftliche Interesse am Fremdsprachenunterricht. Fremdsprachenunterricht findet also nicht außerhalb der Gesellschaft statt, sondern er ist in sie integriert und damit ihren Vorgaben und Zielen verpflichtet. Die Integration von Fremdsprachen in das Bildungswesen einer Gesellschaft hat immer auch etwas mit Interessen und Entwicklungen dieser Gesellschaft zu tun. Das heißt, dass der Fremdsprachenunterricht und die mit ihm verfolgten Ziele in Beziehung zu den gesellschaftlichen Erfordernissen und Zielen und den sich daraus ergebenden Anforderungen an die Lerner und die ihnen zukünftig gestellten Aufgaben gesehen werden müssen. Dies gilt auch überall dort, wo Deutsch als Fremdsprache unterrichtet wird, also auch für Deutsch in China.

Die deutsche Sprache im chinesischen Bildungswesen kann auf eine lange Geschichte zurück-blicken. Es kann daher nicht verwundern, dass die Beschäftigung mit ihr und ihre Funktion in dieser langen Zeit zahlreichen Veränderungen unterworfen war und auch weiterhin sein wird.

So stand am Anfang des Deutschunterrichts in China, der in den letzten Phasen des chinesi-schen Kaiserreichs etabliert wurde, ganz eindeutig das Interesse an deutscher Technologie und hier vor allem der Waffentechnologie Pate. Das Lehren und Lernen der deutschen Sprache war dabei Mittel zum Zweck, nämlich der Aneignung dieser technischen Errungenschaften aus den Interessen des chinesischen Kaiserreichs heraus. Dies galt auch für andere Fremdsprachen wie z.B. das Englische: der Fremdsprachenunterricht stand unter dem *„Primat des Nützlichen"*, wie Xu Yan in ihrer gleichnamigen Monographie[1] formuliert.

Auch in der neueren chinesischen Geschichte ist diese Orientierung des Fremdsprachen-unterrichts an den staatlichen und gesellschaftlichen Interessen erkennbar. So verlor die russische Sprache im Gefolge der ideologischen Entfremdung zwischen der VR China und der Sowjetunion an Bedeutung, und die deutsche Sprache neben anderen

---

[1] Xu, Yan: Primat des Nützlichen. Politische Dimensionen des Fremdsprachenunterrichts im modernen China, München 2002

„westlichen" Sprachen und Japanisch erhielt ein größeres Gewicht im chinesischen Bildungswesen.

Die Veränderungen in der chinesischen Gesellschaft im Gefolge der Öffnungspolitik Deng Xiaopings nach der Kulturrevolution zeigen mit Bezug zum Fremdsprachenunterricht das gleiche Muster. Der Erwerb von Fremdsprachen wie - in der Folge - auch die spezifische Organisation und Struktur des Fremdsprachenunterrichts unterliegen danach einer ganz eindeutigen Zweckbestimmung: Vermittlung von Sprachkenntnissen - in unserem Fall der deutschen Sprache - als Voraussetzung und Basis für alle Formen des internationalen Transfers und des Erwerbs von verwertbarem Know-how im Interesse der Fortentwicklung der chinesischen Gesellschaft und Wirtschaft. Die Ziele des Fremdsprachenunterrichts sind also in der Folge einer politischen und gesellschaftlichen Standortbestimmung funktional und instrumentell definiert. In dieser Zweckbestimmung von Fremdsprachenkenntnissen im Zusammenhang von Technologietransfer und Qualifikation für internationale Kooperationen treffen sich die wirtschaftlichen Interessen des Staates mit den Vorstellungen von einem modernen Fremdsprachenunterricht, wie sie inzwischen in vielen Ländern entwickelt wurden: der instrumentelle und der funktionale Charakter der Sprache für Ausbildung und spätere Berufstätigkeit im internationalen Kontext.

Während zunächst der Austausch von Waren und technischen Errungenschaften im Rahmen der zunehmenden internationalen Kooperationen zwischen China und Deutschland im Vordergrund stand und damit die für diese Prozesse erforderlichen Sprachkenntnisse vermittelt werden sollten (Stichwort: Fachsprachen), gewann mit der fortschreitenden Globalisierung und der Entwicklung immer umfassenderer Kommunikationsbedürfnisse ein anderer Blick auf die Fremdsprachen an Bedeutung: die interkulturelle Kommunikations- und Handlungsfähigkeit. Damit wird das Spektrum der Zweckbestimmungen des Fremdsprachenunterrichts um einen weiteren Punkt, nämlich den Erwerb interkultureller Kompetenz und die Befähigung zur interkulturellen Kommunikation, erweitert. Das Lernziel ist dabei die Erhöhung der interkulturellen Kompetenz als einer notwendigen Ergänzung zur sprachlichen und fachlichen Qualifikation.

Während der Englischunterricht in China unter dem Einfluss von Entwicklungen in den USA sich bereits sehr früh mit dem Konzept der interkulturellen Kommunikationsprobleme befasste, hinkte der Deutschunterricht hier lange Zeit hinterher. Eine der Folgen hiervon war, dass über lange Jahre das in den USA entwickelte Verständnis von interkultureller Kommunikationsfähigkeit und interkulturellen Verständigungsschwierigkeiten in China übernommen wurde und der in Deutschland zum gleichen Thema geführte wissenschaftliche Diskurs unbeachtet blieb.[2].

Das Wissen über kulturelle Besonderheiten und Unterschiede wurde als Grundlage interkultureller Kommunikationsfähigkeit angesehen, so dass zu Beginn dieser Phase in den USA z. B. das „korrekte" Überreichen von Visitenkarten und das Essen mit Stäbchen und in China das Essen mit Messer und Gabel als Bestandteil interkultureller Trainings und interkulturell kompetenter Handlungsfähigkeit betrachtet wurden. Im wissenschaftlichen Diskurs wurde diese Herangehensweise auf das Konzept des Kulturkontrasts zugespitzt: Das Erkennen kultureller Unterschiede und Besonderheiten wurde gleichgesetzt mit der Befähigung zu erfolgreicher interkultureller Kommunikation.

Folgt man dem derzeitig aktuellen Diskurs in der Fremdsprachdidaktik und in der interkulturellen Kommunikationsforschung, so wird als eine der Haupthypothesen dort formuliert, dass interkulturelle Kommunikation und interkulturelles Verständnis durch verschiedene Hürden erschwert werden können, von denen eine sowohl die Fremdsprache sein kann, eine andere mindestens ebenso wichtige allerdings kulturelle Unterschiede oder kulturelle Diskrepanzen.

---

[2] Yang, Jianpei: Möglichkeiten einer Integration der Vermittlung interkultureller Kompetenz in den chinesischen DaF-Unterricht. München, 2007, S. 102

Bezogen auf die interkulturelle Kommunikation zwischen Chinesen und Deutschen ist weiterhin zu beobachten, dass hier Klischees und fest gefügte Bilder eine herausragende Rolle spielen. Dabei ist ebenfalls zu vermerken, dass diese teilweise auf sehr weit zurückliegenden Vorstellungen und Stereotypen basieren, die aus dem deutschen Chinabild des chinesischen feudalistischen 19. und des bürgerlichen beginnenden 20. Jahrhunderts gespeist sind und die die jüngeren und jüngsten ideologischen, ökonomischen und gesellschaftlichen wie auch individuellen Entwicklungen innerhalb der Volksrepublik China und in ihrem Verhältnis zu anderen Ländern, ins besondere Deutschland, nicht berücksichtigen. Dementsprechend bestehen Schwierigkeiten, eine interkulturelle Kompetenz mit Inhalten und Bildern zu vermitteln, die auf nicht mehr aktuellen Vorstellungen und Informationen beruhen.

Hier zu neuer Erkenntnis zu kommen und damit eine stabile Basis für einen modernen Unterricht Deutsch als Fremdsprache zu schaffen, ist das erklärte Ziel der Untersuchung von Liu Yue.[3] Dabei arbeitet sie heraus, dass in Untersuchungen in beiden Ländern zentrale chinesische Kulturstandards als Erklärungsraster zugrunde gelegt werden. Hier finden sich dann Aufzählungen von vermeintlich chinatypischen Kulturstandards wie Harmoniebedürfnis, Gesichtswahrung/Gesichtsverlust, Indirektheit im Gespräch und in Verhandlungen, Höflichkeit und Bescheidenheit, List und Tücke, um nur einige zu nennen. Auf chinesischer Seite korrespondieren diesen Standards Vorstellungen von Deutschen als z. B. sachorientiert vs. personenorientiert, streng an Regeln gebunden, strikte Zeitplanung, unhöfliche Direktheit, strikte Trennung von privaten und öffentlichen Lebensbereichen.

In ihrer empirischen Untersuchung von chinesischen und deutschen Studierenden hat Liu die Gültigkeit dieser Standards auf den Prüfstand gestellt. Dabei wird deutlich, dass diese angeblich typischen Standards bzw. Verhaltensmuster in ihrer Gültigkeit zu relativieren sind. So arbeitet sie heraus, dass, was angesichts der großen Bevölkerungszahl, der Zahl ethnischer Minderheiten in China und der Weitläufigkeit des Landes nicht verwunderlich sein kann,

---

[3] Liu, Yue: „Kulturspezifisches" Kommunikationsverhalten? Eine empirische Untersuchung zu aktuellen Tendenzen in chinesisch-deutschen Begegnungen. München 2010

Verhaltensweisen, Rituale, Wertvorstellungen und Normen sowohl regional als auch sozial stark differieren. Dabei spielt auch das starke ökonomische und kulturelle Gefälle zwischen den hoch entwickelten östlichen Landesteilen mit Megastädten wie Peking und Shanghai und den unterentwickelten ländlichen Gebieten im Westen des Landes eine große Rolle. Auch eine Generationendiskrepanz im Verhältnis zu Standards und Verhaltensweisen wird erkennbar. So räumt Liu gründlich mit festgefügten Vorstellungen, Stereotypen und Klischees auf: weder die sprichwörtliche Höflichkeit der Chinesen noch die ihnen nachgesagte Indirektheit oder die Sorge vor einem Gesichtsverlust ist für die junge Generation der Chinesen prägend oder ihr Verhalten leitend. Auch das Bild der Deutschen stellt sich bei dieser Generation anders dar. So gelten Deutsche sehr viel weniger als pünktlich, ordentlich, sachorientiert, schroff und unhöflich, und auch die bei Deutschen unterstellte strikte Trennung von privaten und öffentlichen Lebensbereichen sehen die jungen Chinesen nicht.

Die Konsequenzen, die die Verfasserin hieraus sowohl für die Gestaltung des Unterrichts Deutsch als Fremdsprache sowie für interkulturelle Trainings für die deutsch-chinesische Kooperation zieht, bilden ein didaktisches Fundament für die Entwicklung von Lehrmaterialien und Lehrkonzepten. So fordert Liu einen expliziten Lernerbezug, der auch das Lernervorwissen und ihre Vorerfahrungen in die Gestaltung des Unterrichts und die Entwicklung von Lehr-/Lernzielen einbezieht. Der chinesische fremdsprachdidaktische Diskurs mit interkultureller Orientierung verlangt demnach auch ein Umdenken und eine veränderte Einstellung der Lehrenden, denn, wie Li Yuan[4] zurecht feststellt, fehlt es den heutigen DaF-Lernern in China nicht an fremdkulturellem Wissen, das über viele Informationskanäle zugänglich ist und im Kulturkontrast vermittelt wird, sondern an der bewussten Reflexion eigener Erfahrungen und Erlebnisse in der interkulturellen Begegnung.

Erst langsam werden diesen Forderungen entsprechende Konzepte in den chinesischen wissenschaftlichen Diskurs und damit auch in den Unterricht Deutsch als Fremdsprache in

---

[4] Li, Yuan: Integrative Landeskunde – ein didaktisches Konzept für Deutsch als Fremdsprache in China am Beispiel des Einsatzes von Werbung. München 2007, S. 100

China integriert. Wichtig für diese Entwicklung in China ist das Verständnis von interkultureller Kommunikations- und Handlungsfähigkeit als weniger durch Faktenwissen als vielmehr durch Einstellungen und Kompetenzen begründet: nicht Kontrast der Kulturen, sondern interkulturelle Kompetenz. Hierin liegt ein ganz gravierender Unterschied.

Es ist nämlich zu betonen, dass die interkulturell kompetenten und handlungsfähigen Kommunikationspartner nicht nur kulturelles Wissen über die andere Kultur erwerben sollen. Die interkulturelle Kommunikation verändert die Wahrnehmung der eigenen Kultur und die eigene Identität und relativiert gleichzeitig eine stigmatisierende Aneignung der fremden Kultur, wie sie im Konzept des Kulturkontrasts angelegt oder mindestens nicht auszuschließen ist.

Konkret lässt sich die interkulturelle Kompetenz in der internationalen Kommunikation in folgenden Punkten zusammenfassen:

- Einsicht in die Kulturabhängigkeit menschlichen Denkens, Verhaltens und Handelns;

- Spezielle Kenntnis unterschiedlicher Argumentations- und Entscheidungsstrukturen, kommunikativer Stile sowie die Fähigkeit, solche Strukturen und Stile in der internationalen Kommunikation zu identifizieren und zu verwenden;

- Fähigkeit und Bereitschaft zur Einnahme fremdkultureller Perspektiven;

- Beherrschung von Verhaltensmustern und Handlungsstrategien der interkulturellen Kommunikation mit beschränkten Sprachmitteln;

- Beherrschung von Handlungsstrategien zur Vermeidung und Klärung von Missverständnissen;

- Fähigkeit der Reflexion über die eigene kulturelle Position und eigene Handlungsmuster.

In der jüngeren fremdsprachdidaktischen Diskussion hat sich die Beschäftigung mit Modellen interkultureller Kompetenz in den Vordergrund geschoben. Mit dieser Hinwendung zum

Kompetenzbegriff ist ein Wechsel der Zielsetzungen verbunden, weg von der Wissensvermittlung hin zur Vermittlung und dem Erwerb von Strategien und Kompetenzen. Dabei geht es sowohl um den Erwerb und die Vermittlung von kognitiven Fähigkeiten und Fertigkeiten als auch von sozialen und motivationalen Bereitschaften und Fähigkeiten.

In besonders prägnanter Weise haben hier Yu Xuemei[5], Li Yuan [6] und Liu Fang [7] den Diskurs über die interkulturelle Kompetenz durch ihre jeweiligen Auseinandersetzungen mit dem Kompetenzbegriff aktualisiert und zugespitzt, sowohl mit Bezug zum fremdsprachdidaktischen Diskurs in Deutschland, als auch mit Blick auf die notwendigen Veränderungen in eben diesem Diskurs auch in China.

Yu Xuemei entwickelt zunächst eine inklusive Hierarchie von Kompetenzen, d. h. eine Hierarchie, bei der jede folgende Stufe alle vorausgehenden Stufen als Bestandteil einschließt. Sie geht von der unabdingbaren Sprachbeherrschung als der Fremdsprachkompetenz aus und erweitert sie auf einer nächsten, höheren Kompetenzstufe um die kommunikative Kompetenz, in der sie die Anwendung der sprachlichen Kompetenz in jeweils aktuellen Kommunikationssituationen sieht, wobei die sprachliche Kompetenz um die Strategien und Normen zur Ausgestaltung kommunikativer Prozesse ergänzt wird. Auf der Ebene der interkulturellen Kompetenz schließlich, die auf den beiden vorhergehenden Kompetenz- stufen notwendig aufbaut, wird diese sprachlich-kommunikative Kompetenz in internatio- nalen Kommunikationsanlässen und Kommunikationssituationen realisiert, wozu die schon genannten kognitiven, sozialen und motivationalen Fähigkeiten und Fertigkeiten in die Ausgestaltung des Kommunikationsaktes einbezogen werden. Nach diesem Modell hängt der Erfolg der interkulturellen Kommunikation weniger von der fremdsprachlichen als viel mehr von der interkulturellen Kompetenz ab. Wie schon unter dem Gesichtspunkt der Fachsprachenorientierung ist auch hier bei Yu Xuemei die Fremdsprache weniger unter dem

---

[5] Yu, Xuemei: Interkulturelle Orientierung in DaF-Lehrwerken für China. München 2004
[6] Siehe Fußnote 4
[7] Liu, Fang: Entwicklung synergetischer Handlungskompetenz. Ein didaktisches Modell zum Wirtschaftsdeutsch in China. München 2006

Aspekt des Kulturguts und der Kulturvermittlung zu betrachten, sondern sie wird zum Werkzeug, das zum Gelingen internationaler Kommunikationsprozesse eingesetzt wird.

Li Yuan übernimmt von dem deutschen Psychologen Heinrich Roth[8] die bereits 1971 entwickelte Auffächerung des pädagogischen Kompetenzbegriffs in Sachkompetenz, Sozialkompetenz und Selbstkompetenz, die dann in der soziologischen Diskussion in den 80er Jahren des vorigen Jahrhunderts um die Methodenkompetenz erweitert im Oberbegriff der Handlungskompetenz zusammengeführt werden. Man versteht hierunter „die Bereitschaft des Einzelnen, sich in beruflichen, gesellschaftlichen und privaten Situationen sachgerecht, durchdacht, sowie individuell und sozial verantwortlich zu verhalten."[9]

In Lis Ansatz der Fremdsprachendidaktik ist die so verstandene Handlungskompetenz der kommunikativen Kompetenz untergeordnet. Dieses Verständnis von Handlungskompetenz, integriert in die übergeordnete kommunikative Kompetenz, stellt dann für Li die Basis dafür dar, eine inhaltliche Füllung des Begriffs „interkulturelle Kompetenz" vorzunehmen, indem diese Kompetenz in internationalen Situationen in aktives Handeln und Kommunizieren umgesetzt wird. Die Vermittlung und der Erwerb dieses umfassenden Kompetenzbegriffs werden als übergeordnetes Lernziel für den interkulturell orientierten Unterricht Deutsch als Fremdsprache formuliert. Entsprechend dem dabei zugrunde gelegten Kompetenzmodell entwickelt sie den Anspruch, Fachkompetenzen und fachübergreifende Qualifikationen als das Erlernen und Anwenden fachlich-inhaltlichen Wissens in lebensnahen Handlungszusammenhängen in Verbindung mit interkulturellen Lernzielen in ein neues Verständnis eines integrativen Unterrichts Deutsch als Fremdsprache zusammenzuführen.

---

[8] Roth, Heinrich: Pädagogische Anthropologie. Bd. II Entwicklung und Erziehung. Grundlagen einer Entwicklungspädagogik. Hannover, Berlin 1971
[9] Kultusministerkonferenz, Handreichungen für die Erarbeitung von Rahmenlehrplänen für den berufsbezogenen Unterricht in der Berufsschule und ihre Abstimmung mit Ausbildungsordnungen des Bundes für anerkannte Ausbildungsberufe. Bonn 1996

Dabei formuliert sie als übergeordnetes Ziel dieses integrativen Ansatzes kommunikative Handlungskompetenz im interkulturellen Kontext.

Mit dem hier erarbeiteten erweiterten Kompetenzmodell wird den Erfordernissen Rechnung getragen, die durch die Abwendung von der Wissensvermittlung und die Hinwendung zur Entwicklung von Kompetenzen geprägt sind. Damit schließt sich Li dem aktuellen Trend der internationalen Bildungsdebatte an und bezieht ihn in den entsprechenden curricularen und didaktischen Diskurs in China ein.

Liu Fang schließlich schlägt den Bogen von der interkulturellen Kompetenz zur Fachsprache, indem sie den von Roth 1971 angestoßenen Diskurs in der Berufs- und Wirtschaftspädagogik aufgreift und mit den Konzepten interkultureller Wirtschaftskommunikation verbindet. Zielpunkt ihrer Argumentation ist die Definition dieser interkulturellen (Handlungs-) Kompetenz als die überfachliche Qualifikation, die den interkulturell kompetenten „Global Player" auszeichnet und die es im Unterricht Deutsch als Fremdsprache zu vermitteln gilt. Für Liu Fang gilt dabei die Beherrschung der Fremdsprache, die bei Yu Xuemei als die absolut erforderliche, wenn auch nicht hinreichende unterste Kompetenzstufe benannt wurde, als Teil der Fachkompetenz, die nicht nur fachliches, sondern eben auch fremd- und fachsprachliches Wissen umfasst.

Der durch die Erweiterung des Qualifikationsprofils angestrebte Aspekt der Vermittlung von interkultureller Kompetenz muss ein integraler Bestandteil eines modernen Fremdsprachenunterrichts und Bestandteil der Qualifikation von international agierenden Menschen sein. Nicht die detaillierte - und damit schnell veraltete - Spezialisierung auf Faktenwissen über andere Kulturen soll das Ziel der Ausbildung sein, sondern die interkulturell kompetente Persönlichkeit, der es möglich ist, die eigene fachliche Tätigkeit im gesellschaftlichen Kontext zu erkennen, zu reflektieren und verantwortungsbewusst einzusetzen.

Kennzeichnend für diese Konzeption interkultureller Kompetenz und interkultureller Handlungsfähigkeit ist es, das interkulturelle Paradigma aus der Sackgasse des Kulturkontrasts herauszuführen und in den Kontext von Sozialisationstheorien und des Begriffspaars „das Eigene und das Fremde" zu stellen.

Diese Herangehensweise an das Verständnis von interkultureller Kommunikations- und Handlungsfähigkeit kann sich dabei auf kultursoziologische Ansätze von z. B. Mead[10], Berger & Luckmann[11] und Krappmann[12] beziehen, um das Konzept der interkulturellen Handlungskompetenz als Grundlegung einer Didaktik des interkulturellen Denkens und Handelns zu formulieren.[13]

Grundlegend dafür ist die Annahme, interkulturelle Kommunikation als kooperatives soziales Handeln zu begreifen. Soziales Handeln ist in diesem Kontext sinnhaftes, auf das ‚Verhalten Anderer' bezogenes und im Ablauf auf die Anderen, die ‚Fremden' orientiertes Handeln.

Kooperativ wird das soziale Handeln dadurch, dass das Individuum in der sozialen Interaktion in einer interkulturellen Situation über die Fertigkeit verfügt, die Haltungen des Anderen einzunehmen und das mögliche Resultat der Interaktion, auch die Möglichkeit des Scheiterns der Interaktion, zu antizipieren. Eß formuliert dies als Frage und zugleich als Herausforderung an eine veränderte Didaktik:

„Doch was geschieht, wenn man die Perspektive wechselt, wenn man den Focus – anstatt auf das Wissen über den Anderen auf das Selbstverstehen legt? Wenn man das Selbstverstehen im Handlungsprozess mit dem Anderen ins Zentrum der Lehre

---

[10] Mead, George H.: Mind, Self, and Society. From the Standpoint of a Social Behaviorist. Chicago, London 1965
[11] Berger, Peter L. & Luckmann, Thomas: Die gesellschaftliche Konstruktion der Wirklichkeit. Eine Theorie der Wissenssoziologie. Frankfurt/M. 2003
[12] Krappmann, Lothar. Soziologische Dimensionen der Identität. Stuttgart 1971
[13] Vgl. Eß, Oliver: Das Andere lehren: Interkulturelle Handlungskompetenz als Paradigma? In: Eß, Oliver (Hrsg.): Das Andere lehren. Handbuch zur Lehre interkultureller Handlungskompetenz. Münster 2010, S. 15-31

stellt und interkulturelles Handeln als eine Variante des kooperativen interkulturellen Handelns versteht?"[14]

Dies bedeutet, dass es für das Verständnis interkultureller Handlungsfähigkeit fruchtbarer ist,
interkulturelle Kommunikation aus einer soziologischen und sozialpsychologischen
Perspektive zu betrachten und nicht aus einer kulturkontrastiven Sichtweise.

Entscheidend ist hierbei der Fokus auf der Dynamik von interkulturellem Handeln, sowie auf
den Wechselbeziehungen zwischen dem handelnden Individuum und dem interkulturellen
Umfeld aus der Sicht des handelnden Individuums. Diese Dynamik, die sich auch in der
Konzeption von Kultur als einem dynamischen Prozess widerspiegelt, steht im Gegensatz zu
dem einem kontrastierenden Herangehen an Kultur notwendig innewohnenden beharrenden
Verständnis. Auch mit Bezug zum Erwerb interkultureller Kompetenz kommt diesem
dynamischen Aspekt große Bedeutung zu. So formuliert Yang Jianpei:

„Nach meinen Überlegungen ist interkulturelles Lernen ein dauerhafter Lern-
prozess, in dem man durch interkulturell orientierte Bildung und interkulturelle
Begegnungen die Fertigkeit erwirbt, fremdkulturelle Phänomene in ihrer Anders-
artigkeit zu verstehen, sich eigener kultureller Prägungen bewusst zu werden, sie
zu relativieren und in interkultureller Kommunikation effektive Handlungsstrategien
zu entwickeln. Es geht dabei um einen Entwicklungsprozess, in dem eigene
kulturelle Prägung ständig reflektiert und dadurch interkulturelle Kompetenz
erworben wird."[15]

Yang stellt aber gleichzeitig auch fest, dass die Förderung interkultureller Begegnungen allein
nicht notwendigerweise zum erwünschten Ergebnis des Erwerbs interkultureller Kompetenz
führt, sondern dass der Prozess des interkulturellen Lernens durch angemessene Lehr- und
Lernszenarien und durch Bildungsarrangements vorbereitet, gefördert und gestützt werden

---

[14] ebd. S. 15
[15] A.a.O., S.91

34

muss. Durch die Zielsetzung der Vermittlung interkultureller Kompetenz wird dem Fremdsprachenunterricht eine neue, erweiterte Aufgabe zugewiesen, die über die Vermittlung der rein sprachlichen Kompetenz deutlich hinausweist.

Hier sehe ich allerdings noch eine Aufgabe, die darin besteht, den Disziplinen, die sich mit der Analyse und der Vermittlung von Fremdsprachen beschäftigen und denen, die in ihnen tätig sind, die Notwendigkeit einsichtig zu machen, sich verstärkt mit den Aspekten und Kategorien auseinanderzusetzen, die für die Vermittlung interkultureller Kompetenz und interkultureller Handlungsfähigkeit nach meinem Verständnis unabdingbar sind.

Auch wenn im theoretischen Diskurs in Deutschland und inzwischen in Ansätzen auch in China diese Aspekte auf breite Akzeptanz stoßen, müssen Didaktik und Methodik des Unterrichts Deutsch als Fremdsprache noch immer nach Möglichkeiten und Modellen suchen, die es ermöglichen, die hier genannten Fähigkeiten und Einstellungen mit den traditionellen Gegenständen des Fremdsprachenunterrichts in einer solchen Weise zu verbinden, dass die drei von Yu Xuemei, Li Yuan und Liu Fang angesprochenen Kompetenzbereiche, die linguistische, die kommunikative und die interkulturelle Kompetenz, als Ziele des Fremdsprachenunterrichts erkennbar und erreichbar werden.

Dass die Anerkenntnis dieser neuen, zusätzlichen Aufgabenstellung Konsequenzen sowohl für die Gegenstände, die Methoden und die Medien eines so ausgerichteten Fremdsprachenunterrichts wie auch für die Qualifikation des Unterrichtspersonals hat, versteht sich dann von selbst – nicht nur in China.

Bibliographie:

Berger, Peter L., Luckmann, Thomas: Die gesellschaftliche Konstruktion der Wirklichkeit. Eine Theorie der Wissenssoziologie. Frankfurt/M. 2003

Eß, Oliver: Das Andere lehren: Interkulturelle Handlungskompetenz als Paradigma? In: Eß, Oliver (Hrsg.): Das Andere lehren. Handbuch zur Lehre interkultureller Handlungskompetenz. Münster 2010, S. 15-31

KMK –Kultusministerkonferenz: Handreichungen für die Erarbeitung von Rahmenlehrplänen für den berufsbezogenen Unterricht in der Berufsschule und ihre Abstimmung mit Ausbildungsordnungen des Bundes für anerkannte Ausbildungsberufe. Bonn 1996

Krappmann, Lothar: Soziologische Dimensionen der Identität. Stuttgart 1971

Li, Yuan: Integrative Landeskunde. Ein didaktisches Konzept für Deutsch als Fremdsprache in China am Beispiel des Einsatzes von Werbung. München 2007

Liu, Fang: Entwicklung synergetischer Handlungskompetenz. Ein didaktisches Modell zum Wirtschaftsdeutsch in China. München 2010

Liu, Yue: „Kulturspezifisches" Kommunikationsverhalten? Eine empirische Untersuchung zu aktuellen Tendenzen in chinesisch-deutschen Begegnungen. München 2010

Mead, George H.: Mind, Self, and Society. From the Standpoint of a Social Behaviorist. Chicago, London 1965

Xu Yan: Der Primat des Nützlichen. Politische Dimensionen des Fremdsprachenunterrichts im modernen China. München 2002

Yang, Jianpei: Möglichkeiten einer Integration der Vermittlung interkultureller Kompetenz in den chinesischen DaF-Unterricht München 2007

Die Besonderheiten bei der Anwendung der metasprachlichen Mittel in deutschen und chinesischen linguistischen Abhandlungen

1. Zur Problemstellung interkultureller Forschung der Anwendung von metasprachlichen Mitteln

Der Begriff *Metasprache (E: metalanguage)* geht aus der Modernen Logik hervor. Sprache kommt auf zwei logischen Stufen vor. Die Sprache, über die man spricht, heißt Objektsprache; die Sprache, in welcher man über die andere spricht, heißt Metasprache.

Einfach gesagt, steht der Begriff "*Metasprache*" für die Definition oder Beschreibung einer Sprache. Das primäre Ziel der Metasprache-Theorien liegt darin, eine Sprach-schichten-Theorie zu begründen, die zum Definieren der Wahrheit dient, um die logischen Widersprüche in *Paradoxon* zu erklären und schließlich eine Lösung für dieses Problem zu liefern. 1933 hat der polnische Logiker Tarski als Erster eine solche Theorie vorgestellt. Seinen Konzepten nach könnte die Sprache in drei Ebenen eingeteilt werden: Objektsprache, Metasprache sowie Metasprache für die Metasprache. Darunter wird Metasprache als die Sprache, in welcher man über die andere spricht, verstanden.

Seitdem die Metasprache-Theorie im Bereich Logik und Philosophie vorgestellt worden ist, schenkt die Linguistik diesem Thema auch Aufmerksamkeit. Sprachwissenschaftler wie Jakobson und Taylor haben in verschiedenen Ansätzen die Funktionen sowie andere Fragen bezüglich Metasprache erläutert. Auch die Fachsprachenforschung, insbesondere die

37

Fachtextanalyse, verfolgt diese Frage mit großem Interesse; zu nennen sind die Arbeiten von LinguistInnen wie Gläser (1987), Göpferich (1995) und Schröder (1987). Die Anwendung von Metasprache bzw. metasprachlichen Mitteln wird als Merkmal der Makrostruktur der Fachtexte betrachtet und wird auch als ein wichtiger Aspekt in die Fachtext- sowie Fachtextsortenanalyse eingeführt.

Als wichtige Art von Fachtextsorten zeigen linguistische Abhandlungen einzigartige Besonderheiten in vielerlei Hinsicht, einschließlich der Anwendung der metasprachlichen Mittel. In diesem Aspekt tragen linguistische Abhandlungen auch deutliche kulturelle Spezifika. Eine kulturvergleichende Forschung könnte ein besseres Verstehen dieser Fachtextsorte begünstigen. Dabei besteht jedoch die methodische Schwierigkeit darin, dass die Erwartungen an Fremdkulturelles nicht pauschal mit eigenkulturellen Nominalitätserwartungen gleichgesetzt werden dürfen.

2. Methodische Voraussetzungen für die Analyse der Anwendung der metasprachlichen Mittel

Als Voraussetzung zur Analyse der Besonderheiten bei der Anwendung der metasprachlichen Mittel gilt zuerst die Erklärung von zwei grundlegenden Begriffen, wozu zählen: Fachtext und Metasprache. Was den Begriff Fachtext betrifft, gibt es bis heute noch keine einheitliche Definition. Lothar Hoffmann hat in den 1980ern einen Vorschlag gegeben, demnach ist ein Fachtext:

„das Instrument und Resultat der im Zusammenhang mit einer spezialisierten gesellschaftlich-produktiven Tätigkeit ausgeübten sprachlich-kommunikativen Tätigkeit; er besteht aus einer endlichen, geordneten Menge logisch, semantisch und syntaktisch kohärenter Sätze oder satzwertiger Einheiten, die als komplexe sprachliche Zeichen komplexen Präpositionen im Bewusstsein des Menschen und komplexen Sachverhalten in der objektiven Realität entsprechen." [1]

---

[1] Hoffmann, Lothar: Vom Fachwort zum Fachtext. Beiträge zur Angewandten Linguistik. Tübingen. 1988. S. 126.

Je nach verschiedenen Sorten zeigen Fachtexte deutliche Besonderheiten bei der Anwendung unterschiedlicher Vertextungsmittel, zu denen die metasprachlichen Mittel gehören. Unter Metasprache, auch metalanguage, versteht man dann *the second-level language (also called language of description) by which natural language (object language) is described.*[2]

Je tiefer die Fachsprachenforschung geht, desto deutlicher wird, dass eine Analyse nur auf einer alleinigen Ebene nicht ausreicht, damit die Vertextungs- sowie kulturspezifischen Merkmale von Textsortenrealisierung angemessen beschrieben werden können. Von dieser Erkenntnis ausgehend, wurden inzwischen viele Analyse- bzw. Beschreibungsmodelle der Fachtexte aufgestellt. Einige Vertextungsmittel, insbesondere diejenigen, die Metakommunikation und Metasprache betreffen, werden aus neuem Blickwinkel erfasst und in den Analyseprozess eingeführt. Es wird auch bewiesen, dass metasprachliche Mittel, gerade wie die anderen Vertextungsmittel, nicht nur textsortenspezifisch, sondern auch kulturspezifisch sind.

Aus diesem Grund ist es besonders sinnvoll, die linguistischen Abhandlungen aus verschiedenen Sprachen und Kulturen in dieser Hinsicht zu analysieren, damit diese besondere Art von Fachtexten besser verstanden werden kann.

3. Zu Kulturspezifika der Anwendung von metasprachlichen Mitteln in deutschen und chinesischen linguistischen Abhandlungen

3.1 Metasprache vs. Objektsprache

Jedes Mal wenn vom Begriff *Metasprache* die Rede ist, taucht auch der ihm gegenüberstehende Begriff *Objektsprache* unverzüglich auf. Obwohl diese beiden Begriffe ein binäres Kriterium konstituieren, besteht zwischen ihnen jedoch keine absolute Polung.

---

[2] Vgl. Riley, K.: The metalanguage of transformational syntax: relations between jargon and theory, in: Semiotica (1987) 67, S. 173-94.

Die Differenzierung dieser zwei Begriffe wurde zuerst im Bereich Logik und Philosophie verwendet. In diesen Bereichen sind Metasprache und Objektsprache die Sprachen, die unabhängig von der natürlichen Sprache stehen. Unterschiedlich dazu fokussieren sich die linguistischen Forschungen mithilfe der Metasprache-Theorie darauf, die Bedeutungen der sprachlichen Codes auf verschiedenen Ebenen zu schürfen. In der Linguistik sieht die Definition der Metasprache folgendermaßen aus:

> 语言学跟其它学科相似，也用此术语指用以描写研究对象的一种较高层次的语言——这里研究的对象是语言自身，即各种语言样品、语感等，它构成我们的语言经验。
>
> [……]"元语言学"就是这种一般涵义上的对元语的研究。其他"元"的概念也经常遇到，如元规则和元话语。³

(auf Deutsch: Ähnlich wie in den anderen wissenschaftlichen Bereichen benutzt man in dem Bereich Linguistik diesen Terminus auch, um die Sprache auf einer höheren Stufe zu definieren, welche Forschungsgegenstände beschreibt. Mit Forschungsgegenständen werden hier die sprachlichen Exemplare sowie die Sprachgefühle gemeint, welche unsere sprachlichen Erfahrungen bilden... In diesem Sinne bedeutet die Lehre von Metasprache genau die unterschiedlichen Forschungen von Metasprache. Auch auf andere Begriffe mit der Bedeutung „meta-" wie Metaregel und Metadiskurs stößt man auch häufig.)

In diesem Sinne ist Metasprache als Spracherfahrungen anzusehen und wird nicht als Werkzeug zum wissenschaftlichen Definieren, sondern als die Sprache zur Beschreibung natürlicher Sprachen gesehen. In linguistischen Forschungen sind außerdem folgende Punkte besonders von Bedeutung: dass

a). im Gegensatz zum Verständnis von Metasprache im Bereich der Logik sowie Philosophie, wo sich die Metasprache auf formale Sprache beschränkt, der Metasprache-Begriff im Bereich der Linguistik auf natürlichen Sprachen basiert. Die Nutzanwendung von Metasprache bildet eine Eigenschaft von natürlichen Sprachen;

---

³ Crystal, David: Xiandai yuyanxue cidian, übersetzt von Shen Jiaxuan, Shanghai 2000, S. 221

b). Metasprache aus natürlichen Sprachen technisch abgesahnt werden könnte, was auch die Grundlage und die Voraussetzung für die Analyse bildet;

c). Metasprache ein interpretierendes Zeichensystem zu der Objektsprache ist. Metasprache kann natürliche Sprache sein, kann aber auch künstliche Sprache sein. Die Objektsprache, die mit der Metasprache beschrieben wird, kann mit dieser Metasprache identisch sein. Das heißt, dass dieselbe natürliche oder künstliche Sprache gleichzeitig als Objektsprache und Metasprache dienen kann. Die deutsche Sprache als Beispiel: Sie kann als Metasprache funktionieren, damit man mit dieser Metasprache die deutsche Sprache selbst, die in diesem Fall die Objektsprache darstellt, beschreiben kann. Die Metasprache und Objektsprache können aber auch zu unterschiedlichen natürlichen oder künstlichen Systemen gehören, was bedeutet, dass zur Beschreibung zwei unterschiedliche Sprachsysteme gebraucht werden. Ein einfaches Beispiel ist, dass die deutsche Sprache als die beschreibende Metasprache und die englische Sprache als die zu beschreibende Objektsprache dienen. Diese beiden, die Metasprache und die Objektsprache, können als ein ganzes Sprachsystem vorkommen, sie können aber auch nur in der Form von Wörtern oder Satzteilen auftreten.

3.2 Die Eigentümlichkeiten der Metasprache

Da von der Metasprache immer relativ zur Objektsprache die Rede ist, bildet die Relativität die entscheidende Besonderheit der Metasprache, was bedeutet, dass ohne die Existenz der Objektsprache von Metasprache nicht die Rede sein kann. Diese Relativität erweist sich deutlich in zwei Punkten:

1). Metasprache und Objektsprache sind die zwei Seiten von einer Sache. Wenn z.B. die deutsche Sprache als Metasprache funktioniert, dann wird unbedingt eine andere Sprache oder die deutsche Sprache selbst als Objektsprache beschrieben. Umgekehrt bedeutet es, wenn eine Sprache zu der Objektsprache wird, entsteht dann dementsprechend zweifellos eine Metasprache.

2). Unter bestimmten Umständen könnte Metasprache in Objektsprache verwandelt werden, oder umgekehrt, was bedeutet, dass es in der sprachlichen Verwendung keine bestimmten Einheiten gibt, die unbedingt die Funktion der Metasprache tragen sollen.

Zu betonen ist aber, dass die Beschreibung der Sprache mit Sprache(n) nicht immer auf der gleichen Ebene des Sprachesystems realisiert wird. Daraus gewinnt Metasprache ihre zweite Eigentümlichkeit: die Stufenfolgen der Metasprache. Einfach erklärt heißt das, dass die einer Objektsprache gegenüberstehende Metasprache zu der Objektsprache einer neuen Metasprache auf nächsthöherer Ebene werden könnte.

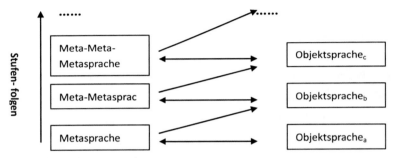

Abb.1 Stufenfolgen der Metasprache

In dem System der alltäglichen sprachlichen Verwendung stehen die sprachlichen Zeichen immer für Begriffe und Entitäten außerhalb des Sprachsystems. In dem System der metasprachlichen Verwendung richten sich die Begriffe, die die Zeichen vertreten, jedoch nicht auf die Entitäten außerhalb des Sprachsystems, sondern auf die sprachlichen Zeichen oder das Sprachsystem selbst. Das bildet die dritte Besonderheit der Metasprache: die Selbstreflektivität (*self-reflective*) und Selbst-Referenz (*self-reference*). Die Einheiten, die zur Selbstreflektivität benutzt werden, können entweder klein oder groß sein, d.h. sie können nur ein Morphem sein, sie können aber auch einen ganzen Text umfassen. Wenn man mit einer Sprache die gleiche Sprache beschreibt, ist diese Besonderheit besonders deutlich zu beobachten.

42

3.3 Die Funktion und die Realisierungsformen der Metasprache

Die Frage nach der metasprachlichen Funktion von Sprachen wurde von *Jacobson* im Jahre 1956 vorgestellt. Nach Jakobson gehört Metasprache genauso wie Objektsprache zu den menschlichen Sprachen (natürlichen Sprachen). Die aus der metasprachlichen Funktion der Sprache entstehende Metasprache ist ein Bestandteil der natürlichen Sprachen.

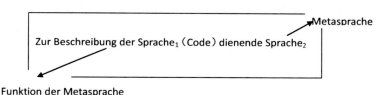

Abb.2 Funktion der Metasprache und Metasprache

Die metasprachliche Kommunikation ist besonders ausgeprägt und typisch für jede natürliche Sprache. Die zur metasprachlichen Kommunikation dienenden Mittel befinden sich auf der Ebene der Wörter sowie Sätze und bilden die Grundlage zur Beschreibung und Analysierung der sprachlichen Bedeutungen. Die Realisierungsformen der metasprachlichen Kommunikation sind vielfältig, wie z.B. Umschreibung, Benennung, Übersetzung, Synonym sowie Definieren, um nur einige zu nennen. Alle diese Formen könnten unter dem Begriff „metasprachliche Mittel" generalisiert werden, die wiederum in sechs Kriterien zu klassifizieren sind:

a). *Definieren*: Definieren, Klärung und Festlegung eines bestimmten Begriffs;

b). *Einführung eines Terminus*: Die Benennungsart eines bestimmten Begriffs in einem wissenschaftlichen Bereich;

c). *Einführung eines Synonyms*: Einleitung unterschiedlicher Ausdrucksweisen für den gleichen Begriff;

d). *Klärung zu Verkürzungen, Formeln und Symbolen*: Erläuterung der Bedeutungen von diesen Formen, einschließlich Einleitung vollständiger Bezeichnungen für eine Verkürzung oder umgekehrt;

e). *Klärung der Verwendungsweise eines Terminus*: die Anwendungsbedienungen, die Anwendungsbereiche sowie die Benutzungsweisen dieses Terminus zu erklären;

f). *Erklärung der Begriffshierarchie*: die Hierarchie eines bestimmten Begriffs aufzulisten oder zu beschreiben.

Diese Formen werden je nach der Textsorte und dem Textinhalt in unterschiedlicher Vorkommensfrequenz und mit verschiedenem Gewicht benutzt. Auch kulturelle Faktoren spielen eine Rolle bei der Verwendung dieser metasprachlichen Mittel. Mit anderen Worten heißt es, dass die Verwendung dieser Mittel textsorten-, fach- sowie kulturspezifisch ist.

3.4 Die Besonderheiten bei der Anwendung der metasprachlichen Mittel

Für die Analyse wurden deutsche und chinesische Abhandlungen von zwei Sorten in zwei Teilbereichen ausgewählt: Monographien zur Einführung in die Linguistik (je 6 Bücher) und Aufsätze in Sammelbänden zur Soziolinguistik (je 15 Artikel). Ziel der Analyse ist, die Gemeinsamkeiten und die Unterschiede bei der Anwendung von den metasprachlichen Mitteln in linguistischen Abhandlungen aufzuweisen.

3.4.1   Die Gemeinsamkeiten

Bei den als Einführung dienenden Monographien, sowohl den deutschen als auch den chinesischen, ist es ganz ausgeprägt, dass das Mittel „*Definieren*" viel häufiger benutzt wird als die anderen metasprachlichen Mittel. Es gilt zu betonen, dass:

a). die drei Subformen von „*Definieren*", nämlich Definieren, Klärung und Festlegung, jedoch nicht mit gleichem Gewicht verwendet sind. In dem ausgewählten Korpus werden die Begriffe meistens definiert und geklärt, aber nicht festgelegt;

b). „*Einführung von Synonymen*" das am nächsthäufigsten auftretende Mittel ist. Der Grund könnte darin liegen, dass viele linguistische Begriffe aus anderen Sprachen stammen, wie z.B. aus der englischen Sprache. Synonyme einzuführen könnte einerseits die Quelle des Begriffs verdeutlichen, und andererseits das Verstehen des Begriffs erleichtern;

c). „*Erklärung der Begriffshierarchie*" trotz der unterschiedlichen Sub-Realisierungsformen ein anderes wichtiges metasprachliches Mittel ist, das sowohl in deutschen als auch in chinesischen einführenden Monographien oft verwendet wird, und das dazu dient, den Zusammenhang zwischen Begriffen zu erklären;

d). die deutschen und chinesischen Monographien in einem Punkt eine Gemeinsamkeit zeigen, nämlich bei der Verwendung des Mittels „*Klärung der Anwendungsweise eines Terminus* ". Zu bemerken ist, dass dieses Mittel nur mit sehr niedriger Frequenz auftritt und die Frequenz so niedrig ist, dass die Verwendung dieses Mittels in einführenden Monographien fast ignoriert werden kann.

Bei Aufsätzen in Sammelbänden zeigt sich die Verwendung der metasprachlichen Mittel aber ganz anders. Und zwar

a). kommt in Aufsätzen das Mittel „*Definieren*" im Vergleich zur Anwendungsweise in den einführenden Monographien mit relativ niedriger Frequenz vor. Sowohl in deutschen als auch in chinesischen Aufsätzen werden Begriffe normalerweise ohne Klärung oder Festlegung direkt eingeführt. Daraus könnte der Schluss gezogen werden, dass die Definition des im Aufsatz angewandten Begriffs als Voraussetzung zum Verstehen der Texte betrachtet sein soll.

b). benutzt man das Mittel *„Einführung eines Terminus "* im Vergleich zu Monographien häufiger sowohl in deutschen als in chinesischen Aufsätzen in Sammelbänden. Die Gründe liegen einerseits in der Wissenschaftlichkeit dieser Textsorte und andererseits darin, dass bei dieser Art von Texten intendiert wird, in einer beschränkten Länge so viele Informationen wie möglich zu vermitteln.

c). ist das Mittel *„Einführung eines Synonyms"* in Sammelbandaufsätzen im Unterschied zu der relativ hohen Anwendungsfrequenz in Monographien nicht oft zu finden. Auch das Mittel *„Erklärung der Begriffshierarchie"* benutzt man in dieser Textsorte nicht so häufig wie in Monographien. Die Prägnanz sollte dabei eine wichtige Rolle spielen.

d). kommt das Mittel *„Klärung der Anwendungsweise eines Terminus"* in Sammel-bandaufsätzen fast nie vor. Dieses Phänomen stellt sich bei den Monographien in der gleichen Weise dar und bildet eine übereinstimmende Tendenz sowohl in deutschen als auch in chinesischen Texten.

Neben den Gemeinsamkeiten sind auch deutliche Unterschiede bei der Anwendung dieser metasprachlichen Mittel in den Abhandlungen zu beobachten.

3.4.2   Die Unterschiede

Die Unterschiede der hier analysierten Verwendung der metasprachlichen Mittel betreffen hauptsächlich drei Punkte.

Bei dem ersten Punkt geht es um die textsortenbedingten Unterschiede: Damit wird gemeint, dass diese Unterschiede durch die Verschiedenheiten der unterschiedlichen Textsorten verursacht sind. Die Textsortenbesonderheiten umfassen z.B. die Textfunktion, Textmakrostruktur, Sprachstruktur usw. Auch wenn die allgemeine Funktion von Texten zwei verschiedener Arten grob gesehen die gleiche ist, tragen die Texte wegen der Nuancen bei der Funktion unterschiedliche Besonderheiten in vielerlei Hinsicht. Konkret bedeutet das, dass die

Monographien im Vergleich zu Aufsätzen in Sammelbänden eher eine einführende informative Textfunktion haben, was dazu führt, dass eine transparente Sprach- sowie Textstruktur für diese Textsorte eine ausschlaggebend dominierende Eigenschaft bildet. Hierdurch lässt sich leicht erklären, warum in einführenden Monographien fast doppelt so viele metasprachliche Mittel benutzt werden wie in Sammelbandaufsätzen. Einige Mittel wie *„Definieren"* benutzt man in Monographien sogar beinahe dreimal so häufig. Damit kann man auch erklären, warum das Mittel *„Erklärung der Begriffshierarchie"* viel häufiger in einführenden Monographien verwendet wird als in Aufsätzen und das Mittel *„Einführung eines Terminus"* in Sammelbandaufsätzen häufiger als in Monographien.

Die zweite Arte von Unterschieden sind die fachbedingten Unterschiede: Neben den Textsortenbesonderheiten spielen die Fachinhalte der Texte bei der Verwendung von metasprachlichen Mitteln auch eine wichtige Rolle. Generell gesehen heißt das, dass je fachlich spezialisierter der Textinhalt ist, desto höher ist der Grad der Fachsprachlichkeit, und desto niedriger ist die Vorkommensfrequenz der metasprachlichen Mittel. Höhere Fachsprachlichkeit zeigt normalerweise eine festere Textstruktur, die eine Mitwirkung auf die Wahl metakommunikativer sowie metasprachlicher Mittel ausübt. Im Vergleich zu Aufsätzen in Sammelbänden, die inhaltlich viel fachspezifischer sind, konzentrieren sich einführende Monographien inhaltlich buchstäblich auf das Bekanntmachen, auf das Einführen, was seinerseits bedeutet, dass in diesen Texten mehr Klärungen, mehr Erläuterungen benötigt werden.

Als Folge davon ist eine höhere Vorkommensfrequenz von metasprachlichen Mitteln in verschiedenen Formen legitim.

Die Fachsprachforschung hat schon erwiesen, dass die Kulturspezifika auch in Fachtexten eine wichtige Rolle spielen. Diese Spezifika spiegeln sich auf verschiedene Ebenen eines Textes. Auch auf der Ebene von Verwendung der Metasprache ist diese Spiegelung durch gewöhnliche Anwendungsweise einiger Mittel deutlich zu erkennen. Dazu ein Beispiel: Im

Bezug auf die Fachtextsorte einführende Monographie zeigen die chinesischen Abhandlungen einen terminusreichen Stil. Während in deutschen Monographien die metasprachlichen Mittel *Einführung von Termini* und *Einführung von Synonymen*, die zu einem leichten Verstehen der Fachausdrücke dienen, am häufigsten benutzt sind, verwendet man in chinesischen Monographien bevorzugt das Mittel *Definieren*. Außerdem zeigen die chinesischen Monographien einen mehr interpretierenden Stil. Das führt dazu, dass, obwohl das Mittel *„Klärung der Anwendungsweise eines Terminus"* in Monographien nur mit sehr niedriger Frequenz vorkommt, es in chinesischen Monographien häufiger auftritt als in deutschen.

Bei Sammelbandaufsätzen zeigen sich doch unterschiedliche Besonderheiten. Zum Beispiel verwendet man das Mittel *„Definieren"* häufiger in chinesischen Texten als in deutschen. Trotz dieser Häufigkeit wird aber dieses Mittel in deutschen Texten mit sozusagen vielfältigen Formen realisiert, z.B. mit einleitendem Wort wie *„sein, verstehen unter, definieren als, meinen mit, bezeichnen als. "* usw., während es in chinesischen Texten meistens durch die einzige Form „称为/是指 (heißen)" realisiert wird.

4. Fazit

Zusammenfassend ist einerseits zu sehen, dass die Vorkommensfrequenz und die Verwendungsweisen der metasprachlichen Mittel in linguistischen Abhandlungen je nach der Textsorte, dem Textinhalt sowie der Fachlichkeit und der Fachsprachlichkeit des Textes unterschiedlich sind. Andererseits ist zu bemerken, dass die Verwendung der metasprachlichen Mittel auch durch deutliche Kulturspezifika geprägt ist. Analysen darüber könnten nicht nur dem Verstehen der Abhandlungen helfen. Bei der Didaktik der Linguistik, insbesondere bei dem Training der fachsprachlichen Fähigkeiten, könnten diese Analysen auch eine gute Hilfe sein.

Bibliographie:

Baumann, Klaus-Dieter: Die Makrostruktur von Fachtexten – ein Untersuchungsansatz. In: Fachsprache 9/1-2. 1987. S. 2-18.

Crystal, David: Xiandai yuyanxue cidian, übersetzt von Shen Jiaxuan, Shanghai 2000.

Gläser, Rosemarie: Metakommunikativ Sprachhandlungen in Fachtexten – dargestellt an englischen Lehrbuchtexten für Schüler und Studenten. In: Perspectives on language in perfomance: studies in linguistics, literary criticism and language teaching and learning; to honour Werner Hüllen on the occasion of his 60. birthday / ed. By Wolfgang Lörscher u. Rainer Schulze . Tübingen 1987. S. 351 –368.

Göpferich, Susanne: Textsorten in Naturwissenschaft und Technik. Pragmatische Typologie – Kontrastierung – Translation. Tübingen 1995.

Hoffmann, Lothar: Vom Fachwort zum Fachtext. Beiträge zur angewandten Linguistik (Forum für Fachsprachen-Forschung 5). Tübingen 1988.

Kalverkämper, Hartwig / Baumann, Klaus-Dieter: Fachliche Textsorten. Komponenten – Relation – Strategien (Forum für Fachsprachen-Forschung 25). Tübingen 1996.

Riley, K.: The metalanguage of transformational syntax. Relations between jargon and theory. In: Semiotica   (1987) 67. S. 173-194.

Schröder, Hartmut: Aspekte sozialwissenschaftlicher Fachtexte. Ein Beitrag zur Fachtextlinguistik. Hamburg 1987.

Bernd Spillner – Universität Duisburg-Essen

Kontrastive Textologie als Analysemethode für die Interkulturelle Kommunikation

1. Interkulturelle Kommunikation

Die zunehmende Internationalisierung der kulturellen, wissenschaftlichen und technischen Kommunikation setzt gründliche forschungsbasierte Kenntnisse der beteiligten Sprachen und Kulturen voraus. Dabei gilt es, Unterschiede und Gemeinsamkeiten von Sprachstrukturen, Begrifflichkeiten, Diskurstraditionen und interkulturell diversen Kulturkonventionen empirisch zu ermitteln, adäquat zu beschreiben und für die Vermittlung in Anwendungsbereichen aufzubereiten. Dabei sind auch die mindestens partiell unterschiedliche Fachkommunikation und mediale / semiotische Aspekte des internationalen Informationsaustausches einzubeziehen.

Dabei kann wenigstens teilweise auf bereits bewährte Forschungsmethoden der Kulturkomparatistik, der Sprachvergleichung, der Kontrastiven Textologie / Dis- kursanalyse und der Interkulturellen Pragmatik zurückgegriffen werden.

Zur Vergleichsmethodik kann die Sprachwissenschaft unter allen beteiligten Disziplinen auf die längste Forschungstradition zurückblicken.

2. Sprachvergleichung

Die wichtigsten inhaltlichen und methodischen Zugewinne in der Sprachvergleichung gegen Ende des 20. Jahrhunderts gehen auf den Ausbau der Kontrastiven Linguistik zurück, ferner die Erweiterung des Gegenstandsbereiches um die Textlinguistik und die linguistische Pragmatik. Um die Mitte des 20. Jahrhunderts wurde mit der wegweisenden Arbeit von Lado4 der Grundstein für eine systematische bilaterale Kontrastive Linguistik gelegt. Obwohl hier bereits kurz ein Vergleich auch von kulturellen Elementen konzipiert wurde („How to compare two cultures'), blieben die anschließend durchgeführten kontrastiven Analysen weit hinter diesem Anspruch zurück.

Erst später wurde es durch die Konzeption einer 'Kontrastiven Semantik'5 bzw. einer 'Kontrastiven Pragmatik' 6 ansatzweise möglich, sprachinhaltliche und konzeptuelle Komponenten zweier Sprachen in einer anwendungsorientierten Kontrastiven Linguistik miteinander zu vergleichen. Es entwickelte sich eine auf strenger Vergleichsmethodik basierende 'Kontrastive Textologie'7.

---

[4] Lado, Robert : Linguistics Across Cultures. Applied Linguistics for Language Teachers. Ann Arbor 1957
[5] Spillner, Bernd: Ansätze zu einer kontrastiven Semantik. Untersuchungen am Beispiel deutscher und französischer Verbalphrasen, in: Klaus Günter Schweisthal (ed.), Grammatik - Kybernetik - Kommunikation. Festschrift für Alfred Hoppe. Bonn 1971, 76-95
[6] Spillner, Bernd: Kontrastive Pragmatik, in: W.U. Dressler/W. Meid (edd.), Proceedings of the Twelfth International Congress of Linguistics (Wien 1977). Innsbruck 1978, 705-708.
Spillner, Bernd: Aspects contrastifs d'une pragmatique textuelle, in: Dieter Kremer (ed.): Actes du XVIIIe Congrès International de Linguistique et Philologie Romanes, Université de Trier (Trèves). Tübingen 1988, tome V, 373-382
[7] Spillner, Bernd: Textsorten im Sprachvergleich, in: Kühlwein, Wolfgang / Thome, Gisela / Wilss, Wolfram (edd.): Kontrastive Linguistik und Übersetzungswissenschaft. Akten des Internationalen Kolloquiums Trier/Saarbrücken 25.-30.9.1978. München: Fink 1981, 239-250
Hartmann, R. K. K.: Contrastive Textology. Comparative Discourse Analysis in Applied Linguistics. Heidelberg 1982
Spillner, Bernd: Zur kontrastiven Analyse von Fachtexten - am Beispiel der Syntax von Wetterberichten, in: LiLi. Zeitschrift für Literaturwissenschaft und Linguistik XIII (1983), Heft 51/52: Fachsprache und Fachliteratur, 110-123
Spillner, Bernd: Methoden des interkulturellen Sprachvergleichs: Kontrastive Linguistik, Paralleltextanalyse, Übersetzungsvergleich, in: Lüsebrink, Hans Jürgen / Reinhardt, Rolf (edd.) [zusammen mit Annette Keilhauer und René Nohr]: Kulturtransfer im Epochenumbruch. Frankreich-Deutschland 1770 bis 1815, 2. Bde.. Leipzig 1997, 103-130 [= Deutsch-französische Kulturbibliothek Bd. 9.1/9.2]
Spillner, Bernd: Phraséologie et textologie comparées français – allemand, in: Nouveaux

3. Kulturvergleich

Auch die Analyse von Beziehungen zwischen zwei Kulturen erfordert notwendigerweise die Methode des Vergleichs. Diese eigentlich triviale Anforderung wird gerade in kulturkundlich orientierten Darstellungen häufig verletzt. Insbesondere in didaktisch angelegten landeskundlichen Beschreibungen wird versucht, kulturelle Spezifika eines Landes ohne Rückgriff auf eine Vergleichsoperation (z.b. mit der Kultur eines anderen Landes) herauszuarbeiten. Es ergibt sich also für kulturkundliche Darstellungen die prinzipielle Forderung nach einem systematischen und methodischen Vergleichsansatzes.

Selbst einfache Tatsachen über ein Land (z.B. Einwohnerzahl pro Quadratkilometer, Jahreszahl der Einführung des Frauenwahlrechtes, Pro-Kopf-Verbrauch an Zigaretten oder Rotwein) werden erst dadurch zu landeskundlichen Tatsachen, dass sie im Vergleich mit den entsprechenden Daten eines oder mehrerer anderer Länder präsentiert werden. Als methodische Folgerung ergibt sich, dass kulturkundliche Aussagen nicht die Form haben dürfen:

- In der italienischen Kultur gibt es x.

- Zulässig sind dagegen Aussagen etwa in der Form:

- Im Gegensatz zu Deutschland gibt es in Belgien x.

- In China gibt es 15 x pro Einwohner, während es in Dänemark nur 8 x pro Einwohner gibt.

- Im Jahre 1890 lag die literarische Produktion in Frankreich um x% höher als in den deutschsprachigen Ländern.

Erst anhand solcher binären Aussagen lassen sich anschließend Kulturvergleiche anstellen und Bewertungen vornehmen.

Cahiers d'Allemand. Revue de linguistique et de didactique 17, 3 (1999), 489-496

Nun ist allerdings bei kulturell relevanten Aussagen sehr häufig wohl verglichen worden, meist allerdings implizit, unbewusst und ohne Angabe des Vergleichsobjektes. Wer eine fremde Kultur beschreibt, teilt mit, was ihm als unerwartet, als typisch angefallen ist, d.h. aber, er beschreibt auf dem Raster der Gegebenheiten seiner eigenen Kultur. Viele Stereotype und subjektive Aussagen lassen sich vermeiden, wenn ein solcher unbewusster Vorgang explizit und methodisch abgesichert durchgeführt wird. Für alle kulturell relevanten Aussagen ist daher zu fordern, dass genannt wird, was miteinander und wie verglichen wird, bzw. verglichen worden ist. Wie bei allen wissenschaftlichen Vergleichen muss auch beim Kulturvergleich sorgsam der Gefahr antithetischer Polarisierung begegnet werden. Forschungspsychologisch verleitet die Methode des Vergleichs dazu, vornehmlich Unterschiede wahrzunehmen und deskriptiv herauszustellen. Die binäre Struktur der Vergleichsoperation (A versus B, B versus A) verstärkt diese Tendenz.

4. Interkultureller Sprachvergleich

Es liegt nahe, eine interdisziplinäre Komparation auf der Methodik sprachwissenschaftlicher Vergleichung aufzubauen. Dafür spricht zunächst die lange Tradition linguistischer komparatistischer Methodendiskussion. Dafür spricht aber auch das Faktum, dass kulturelle Daten weitgehend sprachlich vorliegen.

4.1 Sprachbezogenheit kultureller Daten

Für den Kulturbereich ist ganz offenkundig, dass die benötigten Informationen nur in seltenen Fällen als Primär- oder Rohdaten vorliegen. Dies mag allenfalls etwa bei Wirtschaftsbilanzen, Bevölkerungsstatistiken oder Jahreszahlen vorkommen. In allen anderen Fällen liegen die Daten in sprachlicher Form vor. Überdies sind auch numerische Informationen nur dann wirklich zu verstehen, wenn sie sprachlich interpretiert werden. Kulturelle Phänomene sind prinzipiell also nicht direkt zugänglich, sondern nur über ihre sprachliche Vermittlung. Sie sind erschließbar über literarische Leistungen im weitesten Sinne – von Patentschriften über Parlamentsreden bis hin zu Romanen und Filmdrehbüchern. Kulturell relevante Objekte – Wörterbücher, Gazetten und Journale, juristische Dokumente und Protokolle, wissenschaftliche Abhandlungen, Märchen, Lieder, religiöse Zeugnisse, Gesetze und Verordnungen, Tagebücher usw. – liegen weitgehend textuell vor. Selbst Zeugnisse der Bildenden Kunst sind oft mindestens teilweise erst über verbale Äußerungen erschließbar (Bildunterschriften, Bauanleitungen, Beschreibungen, Autorenzeugnisse etc.).

Die Kategorie ‚interkulturell' sollte bei sprachwissenschaftlichen Vergleichsuntersuchungen von allen modisch-schlagwortartigen und politisch-ideologischen Attitüden frei gehalten werden. ‚Interkulturell' meint schlicht, dass beim Vergleich kultureller Aspekte und Kulturunterschiede berücksichtigt werden. Dies setzt voraus, dass die sprachwissenschaftlichen Untersuchungen pragmatisch und textbezogen orientiert sind und dass der Vergleich kulturelle Implikationen einbezieht.

4.2 Vergleichsmöglichkeiten und Vergleichsmethodik

4.2.1 Organisation des Vergleichsablaufes

Wie jeder wissenschaftliche Vergleich erfordert der interkulturelle Sprachvergleich eine Reihe von theoretischen und methodischen Schritten.

Jeder wissenschaftliche Vergleich geschieht explizit; d.h. es wird angegeben, *dass* und *was* verglichen wird. Weitere erforderliche Angaben betreffen den Vergleichszweck und die Vergleichsmethode (quantitativ, qualitativ, funktional, systematisch partiell, exemplarisch, historisch usw.).

Wie jeder wissenschaftliche Vergleich erfordert der interlinguale Sprachvergleich mindestens sieben Vergleichsprozeduren:

- Aufstellung des ‚tertium comparationis'
- Ermittlung der Realisierung(en) in Sprache 1/Kultur 1
- Ermittlung der Realisierung(en) in Sprache 2 /Kultur 2
- (metasprachliche) Deskription der Realisierung(en) in Sprache 1/Kultur 1

- (metasprachliche) Deskription der Realisierung(en) in Sprache 2 /Kultur 2

- expliziter Vergleich

- Befund/Interpretation

Die wichtige Etappe des ‚tertium comparationis' wird oft übersehen. Ziel des Vergleichs ist die Ermittlung von Unterschieden *und* Gemeinsamkeiten. Häufig werden bei kontrastiven Sprachvergleichen nur Unterschiede ermittelt. Die Feststellung von Identität ist jedoch ebenso von Belang.

Wissenschaftliche Vergleiche sollten nach Möglichkeit bidirektional (oder bei mehr als zwei Vergleichsobjekten multidirektional) durchgeführt werden. Ansonsten ergibt sich die Gefahr, dass unzulässig Elemente der einen Seite auf die andere projiziert werden bzw. dass vergleichsrelevante Fragestellungen gar nicht erkannt werden.

4.2.2   Tertium comparationis

Wenn Sprache als Kommunikationsmittel und Instrument von Informationsübermittlung untersucht wird, haben formale Sprachvergleiche ohne *tertium comparationis* keinen Platz. In denjenigen Arbeiten, in denen über ein notwendiges *tertium comparationis* für den synchronen Sprachvergleich reflektiert wird, besteht Einigkeit darüber, dass es sich nur um eine einzelsprachenunabhängige semantisch-kommunikative Beschreibungsebene handeln kann, um eine „auf einer interlingualen semantischen Deskriptionsebene" liegende „Metalingua"[8], um „gemeinsame Invarianten" als Bezugsgröße[9], um eine „transkulturelle und

---

[8] Spillner, Bernd: Ansätze zu einer kontrastiven Semantik. Untersuchungen am Beispiel deutscher und französischer Verbalphrasen, in: Klaus Günter Schweisthal (ed.), Grammatik - Kybernetik - Kommunikation. Festschrift für Alfred Hoppe. Bonn 1971, 76-95

[9] Wotjak, Gerd: Überlegungen zum Tertium comparationis (TC) in der konfrontativen Linguistik (kL), in: Wotjak, Gerd / Regales, Antonio (edd.): Materialien der I. Internationalen Arbeitstagung zum Romanisch-Deutschen Sprachvergleich (Karl-Marx-Universität Leipzig 5. und 6.10.1987). Valladolid 1988, 103-114
Wotjak, Gerd: Schlussfolgerungen für die Bestimmung des Tertium comparationis (Tc) aus einer kommunikativ-pragmatischen Gegenstandserweiterung der konfrontativen Linguistik (kL), in: Wotjak, Gerd (ed.): Studien zur Sprachkonfrontation. Materialien der I.

außereinzelsprachliche Bezugsgröße"[10]. Daher muss als methodischer Grundsatz für einen synchronen, pragmatisch orientierten Sprach- und Kulturvergleich gelten:

„‚Tertium comparationis' kann weder eine gemeinsame Bezeichnung noch eine funktionale Ähnlichkeit sein, sondern nur eine semantisch-funktionale Kategorie, die von den beiden zu vergleichenden Sprachen/Kulturen unabhängig sind. Es lässt sich als ‚tertium comparationis' eine einzelsprachenunabhängige Metalingua bzw. eine transkulturelle Tiefenstruktur ansetzen und dann nach den Realisierungsmöglichkeiten bzw. Realisierungen in den jeweiligen Ländern/Kulturen/Sprachen fragen."[11]

Es ist also vor dem konkreten Sprach- und Kulturvergleich eine von beiden Sprachen oder Kulturen unabhängige semantische oder kommunikative Vergleichskategorie als ‚tertium comparationis' festzulegen.

5. Semantische und konnotative Unterschiede

Wenn man davon ausgeht, dass lexikalische Einheiten u.a. dazu dienen, die außersprachliche Welt zu bezeichnen und bis zu einem gewissen Grad unterschiedlich einzuteilen, ergeben sich bereits auf diesem Niveau der linguistischen Deskription zu berücksichtigende kulturelle Aspekte. Beispiele für unterschiedliche lexikalische Differenzierungen ergeben sich bereits bei einfachen lexikalischen Äquivalenzen, z.B.

Internationalen Arbeitstagung zum Romanisch-Deutschen Sprachvergleich (Karl-Marx-Universität Leipzig, Sektion Theoretische und angewandte Sprachwissenschaft, 5.10. und 6.10.1987). Berlin 1988, 103-124 [= Akademie der Wissenschaften der DDR, Zentralinstitut für Sprachwissenschaft. Linguistische Studien, Reihe A Arbeitsberichte 176]
[10] Wotjak, Gerd: Überlegungen zum Tertium comparationis (TC) in der konfrontativen Linguistik (kL), in: Wotjak, Gerd / Regales, Antonio (edd.): Materialien der I. Internationalen Arbeitstagung zum Romanisch-Deutschen Sprachvergleich (Karl-Marx-Universität Leipzig 5. und 6.10.1987). Valladolid 1988, 103-114
[11] Spillner, Bernd: Methoden des interkulturellen Sprachvergleichs: Kontrastive Linguistik, Paralleltextanalyse, Übersetzungsvergleich, in: Lüsebrink, Hans Jürgen / Reinhardt, Rolf (edd.) [zusammen mit Annette Keilhauer und René Nohr]: Kulturtransfer im Epochenumbruch. Frankreich-Deutschland 1770 bis 1815, 2. Bde.. Leipzig 1997, 103-130 [= Deutsch-französische Kulturbibliothek Bd. 9.1/9.2]

57

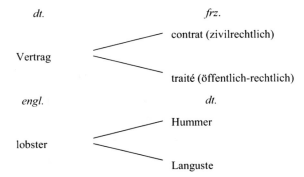

dt.   frz.

                       contrat (zivilrechtlich)

Vertrag

                       traité (öffentlich-rechtlich)

engl.   dt.

                       Hummer

lobster

                       Languste

Bekannt sind auch sogenannte semantische ‚Falsche Freunde' (durch Ähnlichkeit bedingte interlinguale Scheinentsprechungen), z.B.

amerik./engl.   dt.

menu   entspricht nicht   Menü

roast beef entspricht nicht   Roastbeef

Dabei gibt es sogar verblüffende Überkreuzentsprechungen, z.B.

frz.   dt.

endives   Chicoree

chicorée   Endivien

Solche interlingualen Unterschiede entstehen durch unterschiedliche Entlehnungen, Bedeutungswandel, aber auch durch kulturelle Implikationen bei der jeweiligen Eingliederung ins Sprachsystem. So hat möglicherweise in der englischen Kultur keine Notwendigkeit bestanden, die – biologisch und kulinarische ganz unterschiedlichen – Tiere ‚Hummer' und ‚Languste' alltagssprachlich zu differenzieren.

Kulturbedingt ist auch die Tatsache, dass Tomaten bzw. Gurken in manchen Sprachen/Kulturen zur Klasse ‚Gemüse' gehören, in anderen aber zur Klasse ‚Früchte/Obst'.

Schließlich können interlingual korrekte semantische Äquivalenzen interkulturell unterschiedliche Konnotationen auslösen. Dies kann bereits auf der Bezeichnungsebene geschehen, z.B.

dt.	*frz.*
Teelöffel	cuillère à café
Lebensgefahr	danger de mort

Viele solcher kulturbedingten semantischen Unterschiede sind in zweisprachigen Wörterbüchern nicht berücksichtigt.

6. Pragmatische Kontraste

Seitdem durch die Entwicklung einer linguistischen Pragmatik kommunikative Elemente wie Sprecher, Hörer, Kommunikationssituation, soziale Relationen zwischen den Kommunikationspartnern und kulturelle Konventionen beschreibbar wurden, können diese auch in die interkulturelle Sprachvergleichung einbezogen werden. Dies lässt sich bereits an einfachen Beispielen aus europäischen Sprachen belegen.

Wenn man vom ‚tertium comparationis' *Mündliche Begrüßung* und *Anrede* einer bekannten erwachsenen männlichen Person, mit dem der gleichaltrige Anredende weder verwandt noch eng befreundet ist' ausgeht, ergeben sich u.a. folgende Realisierungsmöglichkeiten:

ital.: Buon giorno, Signor Piselli!

dt.: Guten Tag, Herr Meier!

engl.: Hello, Mister Miller!

frz.: Bonjour, Monsieur!

russ.: Dobryi den', Viktor Ivanovič!

finn.: Hyvä, Paulli!

Hier zeigen sich große Unterschiede im Gebrauch der Namen und dort, wo Namen verwendet werden im Gebrauch von Vornamen, Familiennamen, Vatersnamen usw.

Es gibt bei Sprachen wie dem Französischen und dem Englischen die kulturelle Besonderheit (bis mitunter zum Kommunikationskonflikt), dass bei der Anrede von erwachsenen Frauen immer noch nach der Kategorie ‚verheiratet vs. nicht-verheiratet' unterschieden wird. Im Japanischen wird im Verbalsystem stark nach Kategorien wie Alter, Geschlecht, soziale Stellung etc. differenziert – auch in den Anredeformen, aber in Verbindung mit Namen nicht nach dem Geschlecht (-san für Frauen und Männer).

Die Kenntnis der interkulturellen pragmatischen Kommunikationsformen ist eminent wichtig für die Übersetzung, die Fremdsprachenvermittlung und für alle Arten der internationalen Verhandlungen.

7. Kulturbezogene kontrastive Textologie

Die Kontrastive Textologie versucht einen synchronen interlingualen Vergleich auf der Ebene von Äußerungen/Texten/Diskursen unter Berücksichtigung von pragmatisch-kommunikativen Handlungselementen, ggf. auch unter Einbeziehung von kulturellen Implikationen und nonverbalen Textkomponenten.

Es lassen sich schematisch folgende Analysemodelle und Texttypen unterscheiden:

Kontrastive Textologie

Methoden	Textrelationen	Texte
1. Übersetzungsvergleich	Translatrelation Übersetzungsäquivalenz	Alltagstexte Fachtexte Literarische Texte
2. Vergleich Ausgangstext – zielsprachige Textadaptation	Paratextualität	Werbetexte Technische Dokumentation

3. Analyse von Nachdichtungen/ Textneuschöpfungen	Interlinguale Intertextualität	Literarische Texte
4. Situationsäquivalenter Textvergleich	Kommunikative Homologie Interkulturalität	Politische Texte Rhetorische Texte
5. Textsortenkontrastierung	Pragmatische Konventionalität Mitteilungsintention	Textsorten Fachtextsorten

7.1 Textbezogener Übersetzungsvergleich

Wenn man will, kann man auch den wissenschaftlichen Vergleich vorliegender Übersetzungen von einer Sprache in eine andere (oder in mehrere andere Sprachen) als interlinguale Paralleltextanalyse auffassen. Innerhalb der deskriptiven und der theoretischen Linguistik ist der Übersetzungsvergleich eine Methode zur besseren Beschreibung der Eigentümlichkeiten einer Einzelsprache. Tatsächlich kann der Übersetzungsvergleich (als theoretische Komparatistik oder als übersetzungspraktische Übersetzungskritik) interlinguale Äquivalenzen - auch auf Textebene - aufdecken, die für die Übersetzung wichtig sind, z.b. differente Kohäsionsbeziehungen (Verteilung der Anaphorik zu Kataphorik). Davon abgesehen können durch einen textbezogenen Übersetzungsvergleich Unterschiede in der typographischen Textgliederung, in der textuellen Hervorhebung, in Referenzbeziehungen, in Argumentationsstrukturen, in Redner-Hörer-Beziehungen, in Textschlüssen (z.B. bei Briefen), in der Bevorzugung von Stilmitteln etc. herausgearbeitet werden. Die Ergebnisse können auch für die Fremdsprachendidaktik nutzbar gemacht werden.

7.2 Vergleich: Ausgangstext - zielsprachige Textadaptation

Wenn bei einer Übersetzung nicht streng semantische, sondern kulturspezifische pragmatische Äquivalenz angestrebt wird, kann der Zieltext vom Ausgangstext mitunter erheblich abweichen. Dies wird noch deutlicher, wenn bei der zielsprachigen Wiedergabe keine Übersetzung im strengen Sinne geleistet wird, sondern wenn eine Adaption an die zielsprachliche Kultur intendiert wird. Die Übergänge zur Übersetzung mit Äquivalenztypen kultureller Prägung können fließend sein. Kriterien für die Abgrenzung der 'Adaption' von der

'Übersetzung' sind Informationsveränderung, semantische Abweichung und syntaktische Ungebundenheit gegenüber dem Original. Textadaptionen werden vorgenommen, wenn die zielsprachliche Kultur dies nach Auffassung des Übersetzers bzw. seines Auftraggebers erfordert. Dies ist besonders häufig bei Werbetexten im weitesten Sinne und in der technischen Dokumentation (Gebrauchsanweisungen, technische Anleitungen). Kontraste, Abweichungen ergeben sich nicht nur durch eine unterschiedliche Warenkultur, sondern auch durch unterschiedliche (tatsächlich existierende oder vermutete) Bedürfnisse der Textadressaten. Der Vergleich von Originaltext und zielsprachiger Adaption kann also existierende oder vermutete Kulturunterschiede aufdecken[12].

Ein gutes Beispiel für solche Vergleichsmöglichkeit ist eine Werbeanzeige der Automobil-firma Citroën, die vor einigen Jahren gleichzeitig in französischen und deutschen Illustrierten erschien. Normalerweise werden Werbeanzeigen in verschiedenen Ländern unabhängig voneinander von unterschiedlichen Werbeagenturen getextet. Aber in diesem Fall ist die Intertextualität zwischen Ausgangstext und zielsprachiger Textadaption deutlich zu erkennen:

Französische Fassung:

Moteur à toute épreuve, organes mécaniques robustes, techniques éprouvées: plus de 2 millions de voitures sont équipées depuis des années de la suspension hydro-pneumatique. En outre, la facilité d'accès aux organes principaux facilite les opérations d'entretien. Quelle autre 5 places, aussi sûre, aussi spacieuse, aussi confortable, aussi fiable, peut se flatter d'avoir un moindre coût d'utilisation? Est-il besoin de parler de l'élégance des CX? De la pureté de leur ligne? Faut-il nommer le beau quand il est évident?

Du style, de la lumière, du raffinement. La carrosserie des CX s'habille de chrome, d'inox, d'alluminium anodisé: enjoliveurs de roues, de pare-brise, de lunette arrière, d'encadrement de glace des portes ... Le pare-brise en super-triplex aux dimensions

---

[12] Spillner, Bernd: Kontrastive Pragmatik, in: W.U. Dressler/W. Meid (edd.), Proceedings of the Twelfth International Congress of Linguistics (Wien 1977). Innsbruck 1978, 705-708

exceptionnelles, la lunette arrière rationnelle, les glaces latérales et des custodes
cylindriques offrent près de 3 m² de surface vitrée.

Deutsche Adaptation:

Robuste Technik, die in über 2 Millionen Citroën-Wagen bewährte hydropneu-
matische Federung und eine problemlose Wartung halten die Kosten niedrig. So
entstand ein Automobil, das in seiner Klasse so viel Sicherheit, so viel Platz und so
viel Komfort bietet und dennoch ungewöhnlich wirtschaftlich ist. Dass der CX
außerdem durch seine unverwechselbare Form beeindruckt, ist gleichsam die
Visitenkarte für sein progressives technisches Konzept.

CX von Citroën: Einklang von progressiver Technik, Zweckmäßigkeit und Schönheit.
Eine Karosserie, deren Linien durch die Messungen im Windkanal geprägt wurden.
Rostfreier Stahl, Chrom und Aluminium nicht als Mittel des Karosserie-Systems,
sondern nur dort, wo diese Materialien eine Funktion zu erfüllen haben. Und dann
viel Sicht und Übersicht: die niedrige Gürtellinie schafft Platz für ungewöhnlich
große Fenster - rundherum rund 3 qm verglaste Fläche.

Im Gegensatz zur französischen Vorlage nennt der deutsche Text zweimal den Markennamen
Citroën, was aufgrund der Tradition, des Bekanntheitsgrades und der Marktposition in
Frankreich nicht erforderlich ist. Im deutschen Text wird es andererseits nicht für nötig
gehalten herauszustellen, dass der Wagen für fünf Personen zugelassen ist ('5 places'). Der
deutsche Text hebt wiederholt auf die (konstruktive) Entstehungsgeschichte des Autos ab,
verwendet das Imperfekt ('So entstand ...', '... geprägt wurden') und erwähnt - anders als in der
französischen Fassung - die vorgenommenen 'Messungen im Windkanal'. Als Produktquali-
täten stehen den eher ästhetischen Qualitäten in der französischen Fassung eher rationale
Werte in der deutschen Textadaptation gegenüber:

du style	Einklang von progresssiver Technik
de la lumière	Zweckmäßigkeit
du raffinement	Schönheit

Dort wo französisch besondere Fahrzeugteile genannt werden, wird deutsch auf Konzeption und Funktion abgehoben:

pare-brise en	progressives technisches Konzept
super-triplex	
custodes cylindriques	Funktion

Schließlich unterscheidet sich die französische Fassung von der deutschen auch durch einen höheren Aufwand an stilistisch-persuasiver Elaboration; siehe z.b. die vier parallel gereihten rhetorischen Fragen (davon zwei mit Inversion).

Es lassen sich aus den beiden vergleichbaren Werbetexten für dasselbe Produkt also national unterschiedliche Werbestrategien bzw. Konsumentenwünsche erschließen.

Selbstverständlich sollten Befunde an möglichst umfangreichem Vergleichsmaterial überprüft werden. Vorschnelle Ausdeutungen von Einzelkontrasten sind zu vermeiden. Selbstverständlich sind stereotype Textinterpretationen zu unterlassen. Trotz der Gefahr von Generalisierungen ist der interlinguale Vergleich von Text und Textadaption hervorragend geeignet für den interkulturellen Fremdsprachenunterricht.

7.3 Analyse von Nachdichtungen/Textneuschöpfungen

Vergleichsmethodisch gesehen lassen sich Übersetzung und Adaption durch Vergleich mit dem Original zur Ermittlung kultureller Unterschiede nutzen. Dies gilt bis zu einem gewissen Grade auch für die freie Nachdichtung literarischer Texte. Der Reiz für den Übersetzungsvergleich liegt darin, dass oft mehrere Translate vorliegen. Im Gegensatz zur Adaption, deren

Abweichung vom Original adressatenorientiert ist, lässt sich die Nachdichtung als produktionsorientiert definieren, bestimmt von der kreativen Ambition des Neuschöpfers.

7.4 Situationsäquivalenter Textvergleich

Texte zweier Sprachen können verglichen werden, auch ohne dass sie in Translatrelation zueinander stehen (Übersetzung), ohne dass der eine Paratext zum anderen ist (Adaption), und ohne dass zwischen ihnen interlinguale Intertextualität besteht (zielsprachige Nachdichtung).

Hartmann[13] hat 1982 vorgeschlagen, Texte aus identischen Sprechsituationen als Paralleltexte zu vergleichen, und hat dies an zwei historischen Reden zu einer vergleichbaren Thematik exemplarisch durchgeführt.

Tatsächlich lassen sich bei einem solchen situationsäquivalenten Textvergleich Textaufbau, Argumentationstypen, Überzeugungsstrategien, Rhetorik, Metaphorik, Stilmittel etc. kontrastieren, u.a. historische Situationen und soziokulturelle Konstellationen.

Für interkulturelle Vergleiche ist ein solches Vorgehen sehr verlockend. Zu bedenken ist jedoch, dass das *tertium comparationis* und damit die Vergleichbarkeit problematisch sind. Es sollten daher Thematik, Zeitpunkt der Textproduktion, Texttyp oder literarisches Genus, Sprechanlass, Situation etc. möglichst konstant gehalten werden. Für eine Didaktisierung von Kulturkontrasten lässt sich der situationsäquivalente Textvergleich sehr gut umzusetzen, vorausgesetzt natürlich, dass sich geeignete Texte finden lassen.

7.5 Textsortenkontrastierung

Der kommunikationsnaheste und am ehesten pragmatisch-kulturelle Faktoren einbeziehende Ansatz der Kontrastiven Textologie besteht im interlingualen Vergleich von Textsorten. Gebrauchssprachliche und fachsprachliche Textsorten sind leicht zugänglich und existieren in

---

[13] Hartmann, R. K. K.: Contrastive Textology. Comparative Discourse Analysis in Applied Linguistics. Heidelberg 1982

vergleichbarer Form in den meisten Sprachen. Auch hier stellt sich das Problem des *tertium comparationis*, wegen der konventionalisierten Form allerdings weniger kritisch als beim situationsäquivalenten Textvergleich. Auszugehen hat der Vergleich einzelsprachen-unabhängig von der kommunikativen Mitteilungsabsicht, formuliert als pragsituations-äquivalenten Textvergleich. Auszugehen hat der Vergleich einzelsprachenunabhängig von der kommunikativen Mitteilungsabsicht, formuliert als pragmatische Metalingua. Dafür sind für L_1 und L_2 jeweils Corpora von Textsortenexemplaren zusammenzustellen. Es werden bei der Textsortenkontrastierung also nicht vorliegende Übersetzungen verglichen, sondern unab-hängig voneinander entstandene Texte aus zwei oder mehreren Sprachen, die aufgrund identischer Kommunikationsintention vergleichbar sind.

Grundgedanke ist, dass Textsorten routinemäßige Mitteilungshandlungen sind, die einzel-sprachig und bis zu einem gewissen Grad kulturspezifisch konventionalisiert sind. In jeder Sprache/Kultur gibt es mehr oder weniger unterschiedliche, aber innerhalb der Sprache/Kultur relativ konstante Muster, sich zu begrüßen, einen Antrag zu stellen, ein Familienereignis bekannt zu geben, einen Lebenslauf zu schreiben etc.

Wenn das so ist, kann eine Kontrastierung von Textsorten einzelsprachenspezifische Sprach-muster, aber auch kulturelle Unterschiede ermitteln.

Corpora gebrauchssprachlicher Textsorten können miteinander kontrastiert werden, indem man von einer eher informell formulierten pragmatischen Handlungsbeschreibung als *tertium comparationis* ausgeht. Dabei kann es sich jedoch im interlingualen Vergleich ergeben, dass das heuristisch angenommene *tertium comparationis* präzisiert oder modifiziert werden muss. Eine für die internationale Kommunikation sehr wichtige Textsorte ist das private bzw. dienstliche Telefongespräch. Französische Telefonate beginnen mit einer phatischen Phase, in der das Funktionieren des Kommunikationskanals getestet wird ('Allô ...' - 'Allô...'). Im Deutschen fehlt eine isolierte phatische Phase. Die Prüfung des Kommunikationskanals wird sekundär von der Selbstidentifizierungsphase mit übernommen, in der sich die Telefonpartner namentlich nennen (zuerst der Angerufene, dann der Anrufende). In französischen privaten Telefongesprächen gibt es eingangs keine namentliche Selbstidentifizierung. Vielmehr kann der Anrufer entweder eine Hypothese zur Identität des Angerufenen äußern (z.b. 'C'est Madame Dupont?', 'C'est toi, Paul?') oder einen Kommunikationswunsch äußern (z.b. 'Est-ce que je peux parler à Monsieur Durand, s'il-vous-plaît?').

Aufgrund dieser Konstellationen kann es geschehen, dass französische private Telefongespräche normal (also ohne technische Unterbrechung oder Auflegen) beendet werden, ohne dass die beiden Gesprächspartner erfahren, mit wem sie gesprochen haben.

Solche durch Vergleich gewonnenen Befunde sind nicht nur wichtig für interkulturelle Interpretationen, sondern auch erforderlich für die Fremdsprachenvermittlung.

Textsortenvergleiche als methodischer Ansatz innerhalb der Kontrastiven Textologie sind die wichtigste Analysemethode in der Interkulturellen Kommunikation.

Bibliographie:

Hartmann, R. K. K.: Contrastive Textology. Comparative Discourse Analysis in Applied Linguistics. Heidelberg 1982

Lado, Robert : Linguistics Across Cultures. Applied Linguistics for Language Teachers. Ann Arbor 1957

Schmitt, Christian: Übersetzen und Kontrastive Linguistik, in: Schmitt, Christian (ed.): Neue Methoden der Sprachvermittlung. Wilhelmsfeld 1991, 49-83

Spillner, Bernd: Ansätze zu einer kontrastiven Semantik. Untersuchungen am Beispiel deutscher und französischer Verbalphrasen, in: Klaus Günter Schweisthal (ed.), *Grammatik - Kybernetik - Kommunikation*. Festschrift für Alfred Hoppe. Bonn 1971, 76-95

Spillner, Bernd: Kontrastive Pragmatik, in: W.U. Dressler/W. Meid (edd.), Proceedings of the Twelfth International Congress of Linguistics (Wien 1977). Innsbruck 1978, 705-708.

Spillner, Bernd: Textsorten im Sprachvergleich, in: Kühlwein, Wolfgang / Thome, Gisela / Wilss, Wolfram (edd.): Kontrastive Linguistik und Übersetzungswissenschaft. Akten des Internationalen Kolloquiums Trier/Saarbrücken 25.-30.9.1978. München 1981, 239-250

Spillner, Bernd: Zur kontrastiven Analyse von Fachtexten - am Beispiel der Syntax von Wetterberichten, in: LiLi. Zeitschrift für Literaturwissenschaft und Linguistik XIII (1983), Heft 51/52: Fachsprache und Fachliteratur, 110-123

Spillner, Bernd: Aspects contrastifs d'une pragmatique textuelle, in: Dieter Kremer (ed.): Actes du XVIIIe Congrès International de Linguistique et Philologie Romanes, Université de Trier (Trèves). Tübingen 1988, tome V, 373-382 Spillner, Bernd: Methoden des interkulturellen Sprachvergleichs: Kontrastive Linguistik, Paralleltextanalyse, Übersetzungsvergleich, in: Lüsebrink, Hans Jürgen / Reinhardt, Rolf (edd.) [zusammen mit Annette Keilhauer und René Nohr]: Kulturtransfer im Epochenumbruch. Frankreich-Deutschland 1770 bis 1815, 2. Bde.. Leipzig 1997, 103-130 [= Deutsch-französische Kulturbibliothek Bd. 9.1/9.2]

Spillner, Bernd: Phraséologie et textologie comparées français – allemand, in: Nouveaux Cahiers d'Allemand. Revue de linguistique et de didactique 17, 3 (1999), 489-496

Spillner, Bernd: Fachtexte im interkulturellen Vergleich. Kontrastive Pragmatik deutscher, finnischer und französischer Wirtschaftstexte in: Nuopponen, Anita / Harakka, Terttu / Tatje, Rolf (edd.): Interkulturelle Wirtschaftskommunikation. Forschungsobjekte und Methoden. Vaasa: Vaasan Yliopiston Julkaisuja / Proceedings of the University of Vaasa. Reports, Selvityksiä ja raportteja 93 (2002) 144-164

68

Spillner, Bernd: Kontrastive Linguistik – Vergleichende Stilistik – Übersetzungsvergleich – Kontrastive Textologie. Eine kritische Methodenübersicht, in: Christian Schmitt/Barbara Wotjak (edd.): Beiträge zum romanisch-deutschen und innerromanischen Sprachvergleich. Akten der gleichnamigen internationalen Arbeitstagung (Leipzig, 4.10. – 6. 10.2003), Band 1. Bonn 2005, 269-293

Wotjak, Gerd: Überlegungen zum Tertium comparationis (TC) in der konfrontativen Linguistik (kL), in: Wotjak, Gerd / Regales, Antonio (edd.): Materialien der I. Internationalen Arbeitstagung zum Romanisch-Deutschen Sprachvergleich (Karl-Marx-Universität Leipzig 5. und 6.10.1987). Valladolid 1988, 103-114

Wotjak, Gerd: Schlussfolgerungen für die Bestimmung des Tertium comparationis (Tc) aus einer kommunikativ-pragmatischen Gegenstandserweiterung der konfrontativen Linguistik (kL), in: Wotjak, Gerd (ed.): Studien zur Sprachkonfrontation. Materialien der I. Internationalen Arbeitstagung zum Romanisch-Deutschen Sprachvergleich (Karl-Marx-Universität Leipzig, Sektion Theoretische und angewandte Sprachwissenschaft, 5.10. und 6.10.1987). Berlin 1988a, 103-124 [= Akademie der Wissenschaften der DDR, Zentralinstitut für Sprachwissenschaft. Linguistische Studien, Reihe A Arbeitsberichte 176]

Yong Zhang - Beijing Institute of Technology, Peking

Bedeutung und Kognition

- Eine Einführung in die kognitive Semantik

1. Einleitende Bemerkungen: „kognitive Wende"

Die Semantik, Teilgebiet der Linguistik, beschäftigt sich mit der Bedeutung der sprachlichen Einheit, vor allem der Bedeutung des Wortes.[1] Aber was ist eigentlich „Bedeutung"? Für diese Frage ist bis heute noch keine einheitliche Antwort zu finden. In verschiedenen Zweigen der Semantikforschung wird sie ganz unterschiedlich interpretiert. In den letzten hundert Jahren hat sich die Forschung der Bedeutung sehr stark entwickelt und immer mehr Beachtung gewonnen. Aber am Anfang der modernen Sprachforschung war „Bedeutung" gar nicht so beliebt bei den Linguisten, weil sie als Inhalt der sprachlichen Einheit nicht direkt beobachtbar ist, was als „Black-Box-Phänomen" bezeichnet wird. Deswegen konzentrierte man sich hauptsächlich auf die Beschreibung der Sprachform und - struktur. Erst in den 70er Jahren des 20. Jahrhunderts trat eine Wende ein, nämlich die „kognitive Wende", in der man versuchte, die Sprachphänomene nicht nur zu beschreiben, sondern auch zu erklären. Dabei stehen die Menschen mit den Konzepten im Gehirn im Mittelpunkt der Sprachforschung. Diese neue Forschungsrichtung nennt man „kognitive Linguistik", die die mentale „Black Box" allmählich öffnet. Das ist aufs Engste verbunden mit der interaktiven Entwicklung der Kognitionswissenschaft und Psychologie, später auch „kognitive Psychologie" genannt, die

---

[1] Hier muss darauf hingewiesen werden, dass der Hauptgegenstand der Semantik die lexikalische Bedeutung ist. Die Wortbedeutung im konkreten Kontext der Sprachverwendung, auch die aktuelle Bedeutung genannt, gehört zum Forschungsgegenstand der Pragmatik. Heute kann man aber die beiden nicht völlig getrennt betrachten.

sich nach Neisser vor allem mit allen Prozessen der Aufnahme, Speicherung und Anwendung von Informationen beschäftigt. Die Kognition wird dabei verstanden als die Menge aller mentalen Strukturen und Prozeduren, über die ein Mensch verfügt, und die Sprache als Ausdruck einer spezifischen kognitiven Fähigkeit des Menschen, die mit anderen menschlichen kognitiven Fähigkeiten verbunden ist, wie z.B. Wahrnehmung, Kategorisierung, Konzeptualisierung, usw.[2] Die Leitfragen dieser Wissenschaftsdisziplin sind:[3]

- Über welches Wissen muss der Mensch verfügen, um so komplexe Leistungen wie Denken und Sprechen ausführen zu können?
- Wie ist dieses Wissen im Gedächtnis organisiert und repräsentiert?
- Wie wenden wir dieses Wissen an, und welche kognitiven Prozesse laufen dabei ab?

In Bezug darauf wird „Bedeutung" völlig neu definiert. Und die damit entstehende interdisziplinäre Wissenschaft „kognitive Semantik", auch Teildisziplin der kognitiven Linguistik, erhält neue Aufgaben und hat bis heute viele fruchtbare Forschungsergebnisse erbracht. In der vorliegenden Arbeit wird vor allem auf einige Kernfragen der kognitiven Semantik ausführlich eingegangen.

2. Bedeutung und Kognition

2.1. Zum Bedeutungsbegriff

Der Mensch ist ein Wesen, das grundsätzlich in Bedeutung lebt, das Gegenstände nicht als Gegenstände interessieren, sondern als das, was sie ihm bedeuten.[4]

Obwohl die Frage „Was ist Bedeutung?" schwer zu beantworten ist, ist sie in der Semantikforschung unvermeidlich. In den verschiedenen theoretischen Ansätzen der

---

[2] Vgl. Schwarz-Friesel, Monika: Kognitive Semantik. Ergebnisse, Probleme, Perspektiven, Tübingen 1994, S.10.
[3] Schwarz, Monika: Einführung in die kognitive Linguistik, Tübingen 2008, S. 18.
[4] Zit. n. Felder, Ekkehard: Semantische Kämpfe. Macht und Sprache in den Wissenschaften, Berlin 2006, S. 21.

Semantikschulen ist sie unterschiedlich definiert.[5] Zwischen ihnen herrscht oft eine heftige Kontroverse. Eine hervorragende Definition findet sich in der strukturellen Semantik, in der sich die Bedeutung eines Wortes aus kleineren Bedeutungselementen, also den semantischen Merkmalen zusammensetzt. Z.B. kann die Bedeutung des Wortes *Mann* als „männlich", „menschlich" und „erwachsen" definiert werden. Das Verfahren spielt eine zentrale Rolle in der strukturalistischen Semantik. Es ermöglicht uns eine exakte Beschreibung von Bedeutungen und wird in der generativen Semantik von Katz und Fodor weiter benutzt, um polyseme Wörter zu beschreiben, damit die Wörter präziser voneinander zu differenzieren sind.[6] Aber es zeigt auch viele Probleme und Grenzen:[7]

- Die Zahl der semantischen Merkmale kann nicht festgelegt werden.
- Für viele Alltagsbegriffe findet man keine wesentlichen gemeinsamen Eigenschaften, z.B. das Wort *Spiel*.
- Bei der Unterscheidung mancher Wörter stößt man oft auf Schwierigkeiten, wie z.B. *Hügel* und *Berg*.
- Die Komponentenanalyse ist nicht in allen Bereichen des Wortschatzes durchführbar.

Angesichts dieser Probleme hat das Verfahren der Bedeutungsbeschreibung sein Gewicht allmählich verloren. Insbesondere mit der Entwicklung der kognitiven Semantik in den letzten zwanzig Jahren wird es immer mehr kritisiert. Demzufolge ist „Bedeutung" keine abgeschlossene, sondern eine offene Entität. Alles Wissen, das zum entsprechenden Konzept gehört, ist Teil der Bedeutung. Das Konzept spielt eine entscheidende Rolle bei der Bildung der Wortbedeutung.

---

[5] Vgl. Miao Yulu: Wenhua jiyizhongde ciyi yuanxing, Beijing 2008, S.10-12 und S. 18-20.

[6] Vgl. Blank, Andreas: Einführung in die lexikalische Semantik für Romanisten. Tübingen 2001, S. 24.

[7] Vgl. Linke, Angelika/Nussbaumer, Markus/Portmann, Paul R.: Studienbuch Linguistik. Tübingen 2004, S. 166-169.

2.2. Konzept als Baustein der Kognition

Ein Konzept versteht sich nach Schwarz als mentale Einheit, die ein wichtiger Bestandteil der Kognitionssysteme ist und das Wissen der Welt speichert. Das menschliche mentale bzw. konzeptuelle System, das mittels der menschlichen Erfahrungen organisiert und strukturiert wird, spielt eine zentrale Rolle bei der Bildung der Bedeutung. Es wird die Auffassung vertreten, dass wir Menschen in der Welt leben, die real ist und auch ohne uns Menschen existiert. Und der Mensch lebt mit anderen zusammen, das ist die soziale Welt, die Kultur. Beide Welten bilden für den Einzelmenschen eine reale Außenwelt. Die Verbindung zwischen der realen Außenwelt und dem Menschen basiert auf seinen körperlichen und sozialen Erfahrungen. Der Ort, an dem sich diese andauernde Verbindung auswirkt, ist das menschliche mentale System, in dem sich Konzepte herausbilden. Von der Bedeutung sprechen wir dann, wenn einer konzeptuellen Einheit eine sprachliche Form zugeordnet ist. Bedeutungen sind in diesem Sinne versprachlichte, mit Wortformen belegte Konzepte, die als Bausteine unseres Wissens im menschlichen Gehirn gespeichert sind. Dies kann durch folgendes Diagramm veranschaulicht werden:[8]

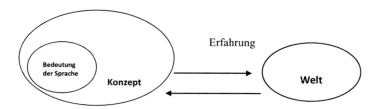

Hier ist uns klar, dass Bedeutung und Konzept nicht völlig identisch sind. Die semantische Struktur lässt sich mit der konzeptuellen Struktur nicht gleichsetzen, die auch unabhängig von einer Versprachlichung existieren kann. So konstituiert z.B. der Bereich zwischen Oberlippe und Nase für uns sicher ein Konzept, jedoch existiert für dieses Konzept kein lexikalisches

---

[8] Vgl. Lan Chun: Renzhi yuyanxue yu yinyu yanjiu, Beijing 2005, S. 89.

Sprachzeichen.[9] Deswegen ist jede Bedeutung ein Konzept, aber nicht jedes Konzept eine Bedeutung.[10]

Hier ist noch zu betonen, dass die menschliche Erfahrung eine zentrale Rolle bei der Entwicklung bedeutungsvoller Konzepte spielt. Diesen Ansatz bezeichnen Lakoff und Johnson, die bekannten amerikanischen kognitiven Linguisten, auch als „experientialist cognition". Der Einfluss des Erfahrungsbereichs für den Erwerb von Wortbedeutungen lässt sich am folgenden Beispieldialog zeigen:

A mother said "we have to keep the screen door closed, honey, so the flies won't come in. Flies bring germs into the house with them." When asked what germs were, the child said: Something the flies play with.[11]

Hier erschließt das Kind die Bedeutung des Wortes *germ* nach seinen eigenen Welterfahrungen, nämlich die Spielkameraden oder Gegenstände, die man zum Spielen mit nach Hause nimmt. Obwohl das Kind ein eigenes Konzept von *germ* entwickelt hat, das eine Abweichung von der richtigen Bedeutung des Wortes zeigt, lässt es sich gerade nachweisen, dass die Erfahrung eine entscheidende Rolle beim Prozess der Konzeptualisierung spielt und den Erwerb der Wortbedeutungen in großen Maßen beeinflusst.

Im Anschluss daran ist noch zu erwähnen, dass das individuelle Wissen nicht zum semantischen Wissen gehört; nur das Wissen, das auch als enzyklopädisches Wissen in einer Kulturgemeinschaft allgemein akzeptiert worden ist, könnte semantisches Wissen werden. Daher lassen sich das semantische Wissen und das enzyklopädische Wissen in der kognitiven Semantikforschung nicht streng voneinander abgrenzen. Bedeutung und Konzept sind beide nicht immer statisch und befinden sich in weiterer Entwicklung und Veränderung.

---

[9] Vgl. Blank, Andreas: Einführung in die lexikalische Semantik für Romanisten. Tübingen 2001, S. 64.
[10] Vgl. Schwarz-Friesel, Monika/Chur, Jeanette: Semantik. Ein Arbeitsbuch, Tübingen 2004, S.26.
[11] Börner, Wolfgang: Kognitive Linguistik und Fremdsprachenerwerb. Das mentale Lexikon, Tübingen 1994, S. 74.

Eine andere Eigenschaft der Konzepte darf auch nicht vernachlässigt werden: nämlich dass sie sowohl einen universellen als auch einen kulturspezifischen Charakter haben. Universeller Charakter der Konzepte bedeutet, dass eine Menge Konzepte wegen ihrer gleichen bzw. ähnlichen Erfahrungsbasis der Menschen in vielen verschiedenen Sprachen der Welt versprachlicht worden sind. Diese These ist schon von einigen kognitiven Linguisten bewiesen worden, wie Ronald W. Langacker und Anna Wierzbicka; die polnische Linguistin hat solche Grundkonzepte „semantic primitives" genannt, welche die gemeinsame Basis sind, auf deren Grundlagen man Konzepte und Bedeutungen verschiedener Kulturen überhaupt vergleichen könnte. [12] Aber andererseits sind Konzepte auch kulturspezifisch. „Jeder Sachverhalt kann unterschiedlich konzeptualisiert und natürlich auch unterschiedlich versprachlicht werden, da unsere Wahrnehmung und die Differenziertheit unserer Wahrnehmung wesentlich von der Wichtigkeit des Wahrzunehmenden in unserer jeweiligen Lebenswelt abhängen."[13] Ein klassisches überzeugendes Beispiel dafür ist, dass es in der Eskimosprache Hunderte von Wörtern für unterschiedliche Schneearten gibt, weil Schnee im Leben dieses Volkes eine zentrale Rolle spielt. Je wichtiger etwas ist, umso mehr Wörter gibt es dafür.

Zusammenfassend lässt sich die Bedeutung aus kognitiver Perspektive wie folgt darstellen:
- Die Bildung der Bedeutung stellt den Prozess der Konzeptualisierung dar.
- Konzeptualisierung basiert auf den menschlichen Erfahrungen.
- Das semantische Wissen und das enzyklopädisches Wissen dürfen nicht völlig getrennt betrachtet werden .
- Bedeutung und Konzept sind sowohl universell als auch kulturspezifisch.

3. Aufgaben der kognitiven Semantik

Nach Schwarz hat die kognitive Semantik die Aufgaben, folgende Fragen zu beantworten:[14]

---

[12] Vgl. Blank, Andreas: Einführung in die lexikalische Semantik für Romanisten. Tübingen 2001, S. 64.
[13] A. a. O., S. 66.
[14] Schwarz-Friesel, Monika: Kognitive Semantik. Ergebnisse, Probleme, Perspektiven,

- Lässt sich das mentale Lexikon [15] als ein Submodell des sprachlichen Kenntnissystems beschreiben?

- Lassen sich semantische und enzyklopädische Informationen bei der Darstellung lexikalischer Bedeutungen voneinander abgrenzen?

- Welche Beziehung besteht zwischen den semantischen Strukturen einer Sprache und den allgemeinen konzeptuellen Strukturen des menschlichen Konzeptionssystems?

- Welche Faktoren determinieren den Prozess der Bedeutungskonstitution?

- Inwieweit können kontextuelle Faktoren das Primat der wörtlichen Bedeutung – als lexikalisches Grundprinzip – modifizieren oder ersetzen?

Einige Fragen davon sind schon im vorherigen Teil der Arbeit erwähnt worden. Sie sind Basisfragen der kognitiven Semantik und bilden daher die Voraussetzungen, konkrete Sprachphänomene aus dieser neuen Perspektive zu erklären, wie z.b. Bedeutungsbeziehungen, Kategorien, Metaphern, Metonymien usw. Heute kann man viele Werke darüber finden, in denen es aber immer heftige Kontroversen gibt. Mehr Forschungen, insbesondere zahlreiche empirische Forschungen, sind in diesem Fachbereich noch zu erwarten.

4. Schluss und Ausblick

Nach Jakobson ist Linguistik ohne den Begriff „Bedeutung" bedeutungslos. Bedeutung als Forschungsgegenstand in der Linguistik gewinnt heute immer mehr Beachtung. Aber diese Erforschung der Bedeutung beschränkt sich nicht mehr lediglich auf die Beziehung zwischen Sprache und Gegenstand, sondern es kommt ein wichtiges Verbindungsglied hinzu, nämlich das Konzept:

Tübingen 1994, S. 29.
[15] Unter einem Lexikon versteht man spontan ein gedrucktes Verzeichnis von Wörtern, in der Linguistik auch ein Modell des Wortschatzes einer Sprache, in der Psycholinguistik einen sprachlichen Wissensbestand im Langzeitgedächtnis. Mehr darüber vgl. Dietrich, Rainer: Psycholinguistik. Stuttgart 2007, S. 29.

	konzeptualisieren		versprachlichen	
Welt	→	Konzept	→	Sprache

Konzept ist hier kein reines Gebilde von Gegenstand und Sachverhalt. Die Welt kommt auf verarbeitete Weise ins menschliche Gehirn und wird dann weiter versprachlicht. Mit dieser Konzepttheorie richten heute schon viele Linguisten ihren Blick auf andere Sprachforschungsgebiete, z.B. Diskursanalyse, Fremdsprachenerwerb usw. Die kognitive Semantik wird sich weiter entwickeln und in naher Zukunft ihre Blütezeit erreichen.

Bibliographie:

Blank, Andreas: Einführung in die lexikalische Semantik für Romanisten. Tübingen 2001.

Börner, Wolfgang: Kognitive Linguistik und Fremdsprachenerwerb, das mentale Lexikon, Tübingen 1994.

Dietrich, Rainer: Psycholinguistik. Stuttgart 2007.

Felder, Ekkehard: Semantische Kämpfe, Macht und Sprache in den Wissenschaften. Berlin 2006.

Linke, Angelika/Nussbaumer, Markus/Portmann, Paul R.: Studienbuch Linguistik. 3., Auflage. Tübingen 2004.

Schwarz-Friesel, Monika: Kognitive Semantik, Ergebnisse, Probleme, Perspektiven. Tübingen 1994.

Schwarz-Friesel, Monika/Chur, Jeanette: Semantik, Ein Arbeitsbuch. Tübingen 2004.

Schwarz, Monika: Einführung in die kognitive Linguistik. 3., vollst. überarb. und erw. Aufl., Tübingen 2008.

Lan Chun: Renzhi yuyanxue yu yinyu yanjiu. Beijing: Waiyu jiaoxue yu yanjiu chubanshe 2005.

Miao Yulu: Wenhua jiyizhongde ciyi yuanxing. Beijing: Waiyu jiaoxue yu yanjiu chubanshe 2008.

Fu SU – Beijing Institute of Technology, Peking

Das medial konstruierte Chinabild während der Expo in Shanghai

1. Einführung

Die zunehmende Bedeutung Chinas für die Weltwirtschaft und -politik erregt seit Jahren die Aufmerksamkeit einer breiten Bevölkerung in Deutschland. Aber auch wenn es heute auf allen Ebenen einen regen Austausch zwischen Deutschland und China gibt, generiert sich die große Mehrheit der Menschen ihr Chinabild erst mit Hilfe von Sekundärerfahrungen aus Massenmedien.

Die vorliegende Arbeit versucht, die China-Berichterstattung während der Expo in Shanghai 2010 von der Zeitung „Die Zeit" mit Hilfe der Textanalyse zu untersuchen, um einen groben Umriss zu zeichnen, wie China dargestellt und welches Chinabild konstruiert wird.

1. Theoretische Überlegungen

1.1 Image

Das Wort Image stammt vom lateinischen „imago" und bedeutet wörtlich übersetzt „Bild". Etymologisch gesehen bedeutet Image sowohl das sichtbare, also gegenständliche Bild oder Abbild als auch das geistig-fantasiehafte Wert- und Vorstellungsbild. Laut Merten wird Image als „eine komplexe Vorstellung definiert, die sich aus sehr vielen, kognitiv und affektiv getönten Einzelinformationen zusammensetzt".[1]

---

[1] Merten, Klaus: Einführung in die Kommunikationswissenschaft. Münster 1999, S.246.

In der vorliegenden Arbeit beschränkt sich das Image auf das Nationenimage, das auch Nationenbild genannt wird. Nach Kenneth Boulding besteht das Nationenbild aus „einer Mischung von erzählter Historie, Erinnerungen an vergangene Ereignisse, Geschichten und Gesprächen usw. plus einer großen Menge gewöhnlich schlecht verarbeiteter und oberflächlich gesammelter aktueller Informationen"[2].

Die Bildung des Images einer Nation basiert auf einem sehr komplexen Kommunikationsprozess, in dem verschiedene Informationen eine Rolle spielen. Sie kann sowohl auf direkte Erlebnisse als auch auf Sekundärerfahrungen, beispielsweise in Form einer Nachrichtenberichterstattung, durch Erzählungen von Personen oder auf die kindliche Erziehung zurückgeführt werden. Aber eine besonders große Rolle im Prozess der Imagekonstruktion stellen die Massenmedien dar: „Sie sind gerade dort, wo die eigene Anschauung fehlt, in der Lage, Images überhaupt erst zu schaffen. Presse, Hörfunk und Fernsehen bilden weithin die dominierende, ja oft einzige Quelle für Informationen über räumlich entfernte, fremde Länder und Kulturen."[3]

1.2 Stereotyp

Images können differenziert und detailliert sein, in vielen Fällen aber beschränken sie sich aber auf einige wenige Merkmale oder Eigenschaften. „Solche stark vereinfachten, klischeehaften Vorstellungen"[4] nennt man Stereotyp.

Der Begriff Stereotyp stammt vom Buchdruckergewerbe und bezeichnet den Druck mit feststehender, unveränderlicher Schrift. Daraus ist auch das Wesensmerkmal dieses Begriffs abzulesen.

---

[2] Klemm, Birte: Das Deutschlandbild vor dem Hintergrund der chinesisch-deutschen Beziehung. http://www.chinaweb.de/, 2001.
[3] Wilke, Jürgen: Imagebildung durch Massenmedien. Bonn 1989, S. 16.
[4] Maletzke, Gerhard: Interkulturelle Kommunikation. Opladen 1996, S. 109.

Der amerikanische Journalist Lippmann stellte eine Diskrepanz zwischen den Bildern in unserm Kopf und der Realität, zwischen den inneren Vorgängen des Wahrnehmens und Denkens und den äußeren Vorgängen in der uns umgebenden Welt fest. Georg Auernheimer definiert in seinem Buch *Einführung in die interkulturelle Pädagogik* Stereotyp als „ein vereinfachtes und standardisiertes Bild einer Fremdgruppe bzw. eine vorgefasste Idee über die Merkmale einer Gruppe"[5].

Die starke Vereinfachung führt dazu, dass stereotype Bilder von der Realität abweichen. Diese Abweichung ist außerdem zurückzuführen auf den stabilen Charakter der Stereotype. Solange Stereotype gebildet sind, bleiben sie hartnäckig im Kopf eines Menschen. D. h., die Grundzüge eines Volkes ändern sich mit der Zeit. Aber die Stereotype gehen nicht damit einher.

Der Übergang zwischen Stereotyp und Image ist oftmals fließend. Doch Stereotype wirken dauerhafter als Images, da sie langfristig durch die Sozialisierung angelegt werden und sich zum Beispiel als Vorurteil manifestieren können.[6]

3. Inhaltsanalyse

3.1 Korpuswahl

Die vorliegende Untersuchung bezieht sich auf die Berichterstattung in der Zeitung „Die Zeit". „Die Zeit" ist eine unabhängige überregionale deutsche Wochenzeitung, die 1946 in Hamburg gegründet wurde und sich an Zielgruppen mit gehobenem Bildungsstandard, vor allem Akademiker bzw. Bildungsbürger wendet. Sie erreicht mit jeder Ausgabe mehr als zwei Millionen Leser.

---

[5] Auernheimer, Georg: Einführung in die Interkulturelle Pädagogik. Darmstadt 2003, S. 84.
[6] Vgl. Merten, Klaus: Einführung in die Kommunikationswissenschaft. Münster 1999. S. 246.

„Zeit Online" ist eine schnell wachsende Plattform für anspruchsvollen Online-Journalismus, deren Kernkompetenz in der analytischen Einordnung des Weltgeschehens, in pointierten, meinungsstarken Kommentaren, in exzellentem visuellem Design sowie in anspruchsvollen Leserdebatten liegt. [7]

Das Untersuchungsmaterial, das den Zeitraum vom 1. Mai bis zum 31. Oktober 2010, d. h. den Zeitraum der Expo in Shanghai umfasst, wurde mit Hilfe der Website von der Zeitung gewonnen. Die Auswahl der Artikel erfolgte zuerst durch Schlagwörter wie „Expo", „Shanghai" und „China". Dann wurden nur die Artikel ausgesondert, die über China berichten. Nicht berücksichtigt werden Artikel über die Ausstellung anderer Länder während der Expo in Shanghai. Nach diesem Kriterium kommen fünf Artikel in Frage, die für die Untersuchung relevant sind, darunter ist eine in Druckversion erschienen, die anderen vier auf der Website als Internetausgabe.

Obwohl in drei der Artikel überwiegend die Stadt Shanghai thematisiert wird, sind in diesen Artikeln häufig generalisierende Inhalte enthalten. So kann man davon ausgehen, dass die beschriebenen Situationen in Shanghai repräsentativ für das ganze Land, zumindest für die Großstädte Chinas sind.

3.2   Inhaltliche Aspekte der Expo-Berichterstattung

3.2.1   Artikel 1: „Shanghai ist Stress pur"

Dieser am 4. Mai, d. h. unmittelbar nach der Eröffnung der Expo erschienene Artikel steht unter der Kolumne „Lebensart". Zeng Xia, die in Shanghai aufgewachsen ist und seit einigen Jahren in Berlin lebt, zieht einen Vergleich zwischen der Stadt Shanghai und Berlin. Protokolliert wird ihre Erzählung von Carolin Ströbele.

---

[7] Vgl. http://www.zeitverlag.de/marken-produkte/zeit-online/

Betrachtet man die Textfunktion als Basiskriterium, so geht es in diesem Text um einen Informationstext.[8] Dabei wird im Text versucht, den Rezipienten zu vermitteln, wie Zeng Xia sich in Shanghai und in Berlin fühlt und wie die beiden Städte in ihren Augen aussehen.

Zusammengefasst wird die Kernaussage dieses Artikels durch den Titel „Shanghai ist Stress pur". Im Hauptteil dominiert eine für informative Texte charakteristische deskriptive thematische Entfaltung, d. h., der Vergleich zwischen zwei Städten wird in seinen Komponenten wie folgt dargestellt: Zunächst wird die Gesamtbeurteilung für beide Städte beschrieben, danach geht der Text auf zwei Teilthemen ein, nämlich das Teilthema „Menschen", das wiederum in Kriminalität, Versicherung, Wohnverhältnisse, kulturelle Angebote sowie Kluft zwischen Armen und Reichen unterteilt werden kann, und das Teilthema „Stadtbild", das Grünanlagen, Baustellen, Straßen, Luft beinhaltet.

Die informative Textfunktion kann sich auch „mit der ‚evaluativen' Einstellung (etwas gut/schlecht finden) verbinden"[9], wie es in diesem Beitrag deutlich zu erkennen ist. So wird durch verschiedene sprachliche Mittel wie etwa die Verwendung von Adjektiven (extrem, spannend, ruhig...), aber auch Komparativen (höher, schlechter...), Negation (keine, kaum...) usw. eine Wertung des Autors zum Ausdruck gebracht. Kompatibel ist im Text diese meinungsbetonte mit einer sachbetonten Darstellung, die aber eher einen kleinen Teil des Textes ausmacht. Das Bild von Shanghai wurde wie folgt im Kontrast zu Berlin gezeichnet:

---

[8] Vgl. Dimter, Matthias: Textklassenkonzepte heutiger Alltagssprache. Kommunikationssituation, Textfunktion und Textinhalt als Kategorien alltagssprachlicher Textklassifikation. Tübingen 1981, S. 63.
[9] Brinker, Klaus: Linguistische Textanalyse. Berlin 2005, S. 114.

Shanghai	Berlin
mehr Eigentumswohnungen durch hohen Kredit	mehr Mietwohnungen
große Einwohnerzahl	kleine Einwohnerzahl
hohe Kriminalitätsrate	Niedrige Kriminalitätsrate
schlecht versichert	gut versichert
große Unterschiede zwischen Reichen und Armen	
wenig Grün	viel Grün
viele Baustellen	
volle Straßen, schlechte Luft	
nicht viele Möglichkeiten für junge Leute	Straßenkultur für die jungen Leute
kleine Auswahl an kulturellen Angeboten	größere kulturelle Angebote
eine vielfältige Esskultur	
anstrengend, spannend	ruhig

Zusätzlich wird die Darstellung durch Fotos bzw. Abbildungen verstärkt: Das Gefühl für ein Großstadtleben spiegelt sich im Bild mit vielen Wolkenkratzern wider, während die zwei Abbildungen Kontraste zwischen zwei Städten in Bezug auf Infrastruktur und Bevölkerung verdeutlichen.

Zusammenfassend kann man sagen, dass Shanghai viel mehr Probleme zu beseitigen hat als Berlin, sich stets im Wandel befindet, also eine anstrengende und zugleich spannende, dynamische Stadt darstellt.

3.2.2   Artikel 2: „Städte für die Arbeiter"

Der gleichfalls am 4. Mai erschienene Artikel, also ein Gastbeitrag von Dr. Doris Fischer, wissenschaftliche Mitarbeiterin des „Deutschen Institut für Entwicklungspolitik", steht unter der Kolumne „Politik". Thematisiert wird in diesem Artikel die Lage der Wanderarbeiter in der Großstadt.

Unter dem kommunikativ-funktionalen Aspekt hat dieser Beitrag eine Appellfunktion, wobei die Autorin die chinesische Regierung dazu auffordert, den Wanderarbeitern mehr Aufmerksamkeit zu schenken.

Auf Ebene der Textstruktur ist primär eine deskriptive Textentfaltung festzustellen, die aber in enger Kombination mit einer argumentativen Textentfaltung steht. Im Hauptteil des Beitrags wird der Zustand der Wanderarbeiter in China dargestellt und darauf hingewiesen, dass die schnelle wirtschaftliche Entwicklung Chinas vor allem ihnen zu verdanken ist. In den letzten zwei Abschnitten, in denen der Schwerpunkt des ganzen Beitrags liegt, versucht die Autorin mit einer argumentativen Textentfaltungsmethode zu appellieren, die Wanderarbeiter gerecht zu behandeln.

Im Gegensatz zu dem ersten Text geht die Autorin im deskriptiven Teil eher sachlich vor, d. h., in diesem Teil werden kaum gefühlsbetonte und bewertende Ausdrücke verwendet. Der Gegensatz zwischen der Entwicklung und den Angehörigen der unteren Schicht wird vor allem dadurch zum Ausdruck gebracht, dass eine Ähnlichkeit zwischen dem Film „Metropolis" von Fritz Lang und der Stadt Shanghai festgestellt wird. Und diese Ähnlichkeit ist in zweierlei Hinsicht so groß, dass die Autorin von „vielen Parallelen", ja sogar von „Kopien" spricht:

„Metropolis" vs. Shanghai
Stadtbild: mehrspurige und mehrstöckige Schnellstraßen, Verkehrstaus, Hochhäuser und futuristische Architektur...
Zustand der Arbeiter: Trennung der Oberstadt der Reichen von der Unterstadt der Arbeiter (Kennzeichen für die so genannte Unterstadt sind wie z. B. „geringe Löhne", „lange, harte und zeitlich begrenzte Arbeit", „spezielle Behausungen für Fabrikarbeiter" und „Ungleichheit")

Anders als im Film, wo das System kollabiert, bietet die Autorin ein offenes Ende in der realen Welt: Man sucht zwar in China nach neuen Wegen der Entwicklung, doch Interessenkonflikte sind unausweichlich. Erwähnt wird allerdings auch die Bemühung der politischen Entscheidungsträger, die auf der Suche nach einem neuen Wachstumsmodell sind.

In Bezug auf die Expo hat die Autorin eine Reihe von Fragen aufgeworfen, die eher als rhetorische Fragesätze zu verstehen sind, die weniger dem Informationsgewinn dienen, sondern vielmehr den Wunsch der Autorin ausdrücken, dass die Expo auch das Leben der Menschen aus den unteren Sozialschichten thematisieren soll. Darüber hinaus stehen diese Fragen in enger Verbindung mit dem nachfolgenden Abschnitt, in dem die Forderung nach mehr Gerechtigkeit für die Wanderarbeiter formuliert wird. Die Autorin hat die appellative Funktion nicht direkt durch explizit performative Formeln mit den Verben wie „auffordern", „verlangen", „raten" usw. zu realisieren versucht, sondern vor allem durch eher nicht explizite Strukturen, vor allem grammatische Indikatoren wie z. B. Konjunktiv II und Fragesätze.

3.2.3   Artikel 3: „China zensiert Journalisten auf der Expo"

Im Vergleich zu den vorherigen Texten ist dieser unter der Kolumne „Ausland" ein ziemlich kurzer und kritischer Artikel von Kirsten Haake, dessen Länge nur knapp 300 Zeichen beträgt.

Der Text dient ebenfalls der Informationsvermittlung, die im Vergleich zu den ersten zwei Beiträgen kritischer vorgeht. Kritisiert wird vor allem die Zensur, die die chinesische Regierung gegenüber Journalisten ausübt.

In diesem Beitrag gilt ebenfalls eine deskriptive Themenentfaltung, wobei die Kohärenz durch zwei Teilthemen hergestellt wird, nämlich Kontrolle der Berichterstattung, zu der auf der einen Seite die Kontrolle der Expo-Berichterstattung, auf der anderen Seite gewisse Themenvermeidung, und Festnahme der Journalisten gehört.

Auf der stilistischen Ebene herrscht im Beitrag ein kritischer Ton, der vor allem dadurch zustande gekommen ist, dass abwertende Bezeichnungen wie „Propagandaministerium", „Propaganda-Experten" verwendet werden. Darüber hinaus wird die Ernsthaftigkeit des kritisierten Zustandes durch explizit performative Äußerungen wie „anordnen", „verbieten" und durch Verben wie „kontrollieren", „festnehmen" sowie „inhaftieren" zu erkennen gegeben.

Viele Informationen in diesem Artikel bezieht der Autor aus der Organisation „Reporter ohne Grenzen", die der Autor eindeutig als glaubwürdig und zuverlässig empfindet, was sich auch daran erkennen lässt, dass die Aussagen von der Organisation zum großen Teil nicht durch Konjunktiv I, sondern als Aussagesatz wiedergegeben, also als Tatsache wahrgenommen werden. Darüber hinaus wird das Vertrauen durch die Bezeichnung als Menschenrechtsorganisation zum Ausdruck gebracht.

3.2.4   Artikel 4: „China ruft, Afrika kommt"

In dem selben Monat, am 20. Mai, ist ein anderer Artikel, geschrieben von Peer Junker, unter der Kolumne „Wirtschaft" erschienen, in dem es um die engen Beziehungen zwischen China und Afrika geht.

Dieses zentrale Thema wird im nachfolgenden Text unter dem Aspekt der Bedeutung Afrikas für China, der Freundschaft zwischen Afrika und China, der wirtschaftlichen Beziehungen, der Rücksichtslosigkeit Chinas und Vorteile, die afrikanische Länder daraus ziehen können, betrachtet und beschrieben.

Der Titel „China ruft, Afrika kommt", der im Text noch einmal wiederholt wird, stellt nicht nur das Thema „China-Afrika-Beziehungen" dar, sondern gibt auch bildlich und ironisch eine meinungsbildende Aussage wieder: In den chinesisch-afrikanischen Beziehungen hat China eine dominierende Stellung, während Afrika die Befehle Chinas befolgt. Das Motiv für das

Afrika-Engagement Chinas wird metaphorisch als „Energiehunger" bezeichnet, der ebenfalls mehrmals im Text aufgetaucht ist.

Abgesehen davon sind im Text keine besonderen Stilmittel auffallend. Sachlich dargestellt werden die Beziehungen zwischen China und Afrika. Dem Text nach spiegeln sich die engen Beziehungen sowohl in der Politik als auch in der Wirtschaft wider. Als Beispiele für Chinas Gewinn im politischen Bereich wurden umstrittene Themen genannt wie z. B. „die Durchsetzung der ‚Ein-China-Politik'" und „der Umgang mit Menschenrechten".

Für die Wirtschaft wurden nicht nur Zahlen angegeben, betont werden dabei zwei Punkte: zum einen ist statt der europäischen Staaten mittlerweile China der größte afrikanische Handelspartner geworden. Und zum anderen leistet China zwar Aufbauhilfe, kümmert sich aber nicht um den „Leumund" seiner Geschäftspartner.

Doch die negative Konnotation wird dadurch einigermaßen kompensiert, dass der Autor schreibt, dass diese engen Beziehungen auch Afrika zugutekommen. Nicht zuletzt wurde diese Aussage verstärkt durch die Zitate eines Forschers vom GIGA Institut für Asien-Studien, also einer Behauptung aus der Ingroup, zu der man Vertrauen hat. Außerdem bietet China Afrika auf der Expo die Möglichkeit, „das oftmals vorurteilsbehaftete Bild der Welt gegenüber Afrika zu revidieren".

Doch betrachtet man die Ironie im Titel und die Metapher in der Einleitung, so ist nicht zu leugnen, dass der Beitrag in gewissem Maße eine Bewertung impliziert.

3.2.5   Artikel 5: „Der Stress der Mittelklasse"

Erst im Abstand von zwei Monaten, d. h. am 29. Juli, ist der nächste Artikel, geschrieben von Thomas E. Schmidt, in der Kolumne „Wirtschaft" erschienen. In diesem Artikel handelt es sich um die Lage der Mittelklasse.

90

Dieser Beitrag hat sich ebenfalls zum Ziel gesetzt, Informationen zu vermitteln, und zwar Informationen über die Lage der neuen Mittelklasse in China. Um dieses Thema zu erläutern, entfaltet sich der Text in folgende vier Komponenten: Beschreibung der Wolkenkratzer in Shanghai, das stellvertretend für alle Großstädte Chinas ist, weltweite Diskussion über die Wirtschaftsblase in China, Probleme der Mittelklasse anhand einiger Beispiele und Wohnungsmarkt in China.

Der Anblick der Stadt Shanghai, für die zwei synonyme Ausdrücke „Megacity" und „Metropole" verwendet werden, soll dem Text nach einen „Schauder" erwecken, wobei Hochhäuser, die das Bild der Stadt Shanghai prägen, metaphorisch als „ein grauer Gebäudebrei" beschrieben werden.

Zu dem Stress der Mittelklasse zählt außerdem die ungewisse Zukunft, da man seit einiger Zeit oft von einer „Wirtschaftsblase" redet. Aus der Perspektive von außen, überwiegend von den USA, ist man ziemlich pessimistisch, was die chinesische Wirtschaft betrifft. So taucht im Text mehrmals das Wort „Blase" auf. Belegt wird diese These durch nominale Phrasen wie „gewaltige Verschuldung", „steigende Inflation", „das marodere chinesische Bankensystem", „der Boom auf Pump" usw. Doch der Autor hat versucht, die Sicherheit der Informationen einzuschränken, indem Quellen dieser Informationen wie z. B. „amerikanische Ökonomen", „der amerikanische Milliardär James S. Chanos" angegeben werden. Darüber hinaus spiegelt sich die Neutralität des Autors darin wider, dass auch eine gegensätzliche Meinung von Stephen Roach zitiert wird.

Der Schwerpunkt dieses Textes liegt auf dem Immobilienmarkt Chinas. Auch hier werden mit nominalen Phrasen die Probleme zum Ausdruck gebracht: der teuerste Preis für Boden, exorbitante Preise für Wohnungen, schwach kapitalisierte Investoren, fehlende Kontrolle, schlechte Qualität der Wohnungen... Anders als bei der Beschreibung der Blasenthese, die häufig in Form von Zitaten und Konjunktiv I erläutert wird, wird dieser Teil explizierend als Tatsache dargestellt. Zusätzlich hat der Autor versucht, die Lesergruppe mit drei Beispielen davon zu überzeugen, die jeweils über Spekulation mit Wohnungen, über die minderwertige Qualität der Wohnungen und über den Bedarf an Wohnungen berichten.

Aus den obigen Darstellungen wird deutlich, dass die Mittelklasse in China vielen Problemen gegenübersteht, allen voran dem Wohnungsproblem.

4. Schluss

Es ist ein interessantes Phänomen, dass während der Expo kaum etwas über das Ereignis an sich berichtet wird, sondern der Schwerpunkt liegt viel mehr in der Wirtschaft und Politik des Ausrichterlands China.

Zusammenfassend kann man sagen, dass das Chinabild in der Expo-Berichterstattung von der Zeitung „Die Zeit" folgende Merkmale hat:

1) Wirtschaftlich ist China ein Land voller Widersprüche, einerseits befindet sich China in schneller Entwicklung, andererseits aber droht die Gefahr des Zusammenbruchs.

2) Daraus resultierten zweifellos auch soziale Probleme, die vor allem die Bürger zu bewältigen haben, wobei drei Subgruppen, nämlich Stadteinwohner in Shanghai, die Mittelklasse in China und Wanderarbeiter, als beispielhaft genannt werden. Und diese Probleme sind so verheerend, dass in den Titeln der fünf Artikel zweimal das Wort „Stress" auftaucht.

3) Auf den Aussagen von Reporter ohne Grenzen beruht die Kritik gegen die chinesische Regierung, dass den Journalisten Pressefreiheit verwehrt wird.

4) Nach außen hin, insbesondere in Bezug auf Afrika, ist China überwiegend als ein Land dargestellt, das sein egoistisches Ziel mit allen Mitteln zu erreichen versucht.

Im Großen und Ganzen ist in dieser Berichterstattung eine kritische Konnotation insbesondere auf politischer Ebene festzustellen, die noch verstärkt wird durch die wertende Wortwahl und die zum Teil ironischen und zum Teil kritischen Titel der Artikel, weil der Titel als kurze, prägnante Bezeichnung für eine Schrift zu verstehen ist und den gesamten Inhalt zusammenfasst.

Doch es wäre unfair zu behaupten, dass China nur einseitig dargestellt wird. Auf die dynamische Entwicklung des Landes, die Bemühung der Regierung und den Beitrag zur Entwicklung Afrikas wird ebenfalls hingewiesen.

Bibliographie:

Auernheimer, Georg: Einführung in die Interkulturelle Pädagogik. Darmstadt 2003.

Brinker, Klaus: Linguistische Textanalyse. Berlin 2005.

Dimter, Matthias: Textklassenkonzepte heutiger Alltagssprache. Kommunikationssituation, Textfunktion und Textinhalt als Kategorien alltagssprachlicher Textklassifikation. Tübingen 1981.

Klemm, Birte: Das Deutschlandbild vor dem Hintergrund der chinesisch-deutschen Beziehung. In: http://www.chinaweb.de/. Stand: 07. 2007.
URL:http://www.chinaweb.de/china_politik/beziehungen_deutschland_china/chinesisch_deut sche_beziehungen/china_deutschlandbild_chinas.htm#Was_sind_Nationenbilder_und_wie_en tstehen_sie_Kurze_begriffliche_Erläuterung. (letzter Abruf am 20. 03. 2012)

Maletzke, Gerhard: Interkulturelle Kommunikation. Opladen 1996.

Merten, Klaus: Einführung in die Kommunikationswissenschaft. Münster 1999.

Wilke, Jürgen: Imagebildung durch Massenmedien. Bonn 1989.

http://www.zeitverlag.de/marken-produkte/zeit-online/, zugegriffen am 20.03.2012.

Shanshan LIANG – Beijing Institute of Technology, Peking

Stereotypenanalyse am Beispiel von Titelseiten der Zeitschrift „Der Spiegel"

1. Einführung

Seit der Einführung des Begriffs „Stereotyp" von Lippmann in die Wissenschaft bleibt er immer als faszinierendes und heißes Thema in vielen Disziplinen. Verschiedene Forscher analysieren Stereotype aus ganz unterschiedlichen Perspektiven. In dieser vorliegenden Arbeit werden aus dem kulturellen Aspekt deutsche Stereotype über China am Beispiel von Titelseiten der deutschen Zeitschrift „Spiegel" vom Jahr 1947 bis zur 35. Ausgabe 2011 untersucht.

2. Definition des Begriffs „Stereotyp"

2.1. Definition

Der Terminus „Stereotyp" stammt ursprünglich aus dem Bereich des Druckwesens und setzt sich zusammen aus den beiden griechischen Wörtern stereos und typos. Übersetzt bedeutet er steife und starre Spur.[1]

Der Ausdruck „Stereotypie" wurde bereits zu Beginn des 20. Jahrhunderts in der Medizin, genauer gesagt in der Psychologie, geprägt[2]. Nach dem Ersten Weltkrieg fand dieser

---

[1] Lo, Daniel Tsann-ching: Die Bedeutung kultureller Selbst- und Fremdbilder in der Wirtschaft. Sternenfels 2005, S.44.
[2] Ehlich, Konrad: Vorurteile, Vor-Urteile, Wissenstypen, mentale und diskursive; in: Sprachliche und soziale Stereotype, hrsg. von Margot Heinemann, Frankfurt/ Main 1998,

psychopathologische Terminus Eingang in die Sozialwissenschaften, insbesondere in die Sozialpsychologie. Der Journalist Lippmann hatte 1922 in seinem publizistischen Werk „Public Opinion" den technischen Ausdruck „Stereotyp", der für unbewegliche, miteinander verbundene Druckformen verwendet wurde, erstmals auf die Phänomene der sozialen Beziehungen übertragen. Die heute noch allgemein gebräuchliche Verwendung des Begriffs „Stereotyp", d.h. das Stereotyp „als Bezeichnung für stark vereinfachende, ja verzerrende Schematisierung sozialer Formationen (Gruppen, Ethnien, Berufe, Institutionen u.ä.)",[3] geht auf Lippmanns Werk und dessen Einfluss auf die Sozialpsychologie zurück. Danach schenken viele Wissenschaften wie Sozialwissenschaft, Linguistik usw. der Stereotypenforschung große Aufmerksamkeit.

Hier wird die zusammengefasste Definition von Kloot aufgrund verschiedener Definitionen diverser Disziplinen zitiert:

> „Stereotype werden durch Sozialisation - emotional und unbewusst - erworben und beruhen nicht auf persönlicher Erfahrung und Kognition, wodurch sie weitgehend stabil und wirklichkeitsresistent sind. Stereotype sind weit verbreitete - als Tatsachen betrachtete - verbalisierte Vorstellungen davon, dass spezifische Verhaltensweisen oder Eigenschaften allen Mitgliedern einer bestimmten Gruppe als charakteristisch zugeschrieben werden können. Sie können sich auf die eigene (Autostereotyp) Gruppe oder auf fremde Gruppen (Heterostereotyp) beziehen." [4]

2.2. Eigenschaften

Stereotype haben verschiedene Eigenschaften, die hier im Folgenden aufgelistet und diskutiert werden.

S.11-24, hier S.16.
[3] Klooth, Astrid: „Auto"- Stereotypen? Deutsche, britische und französische Fahrzeugwerbung im Vergleich. Duisburg 2005, S.26.
[4] Klooth, Astrid: „Auto"- Stereotypen? Deutsche, britische und französische Fahrzeugwerbung im Vergleich. Duisburg 2005, S. 31.

2.2.1. Generalität

Nach Prokop sind Stereotype „vielen oder fast allen Mitgliedern einer Gruppe gemeinsam und gehen häufig zurück auf die gesammelten und letztendlich generalisierten Erfahrungen einer Nation".[5] Hier bezeichnet Prokop die Stereotype nicht als individuelle, sondern als allgemeine Erfahrungen.[6]

2.2.2. Rigidität

Rigidität ist auch eine Eigenschaft von Stereotypen. Sie dienen zur Orientierung, die dann möglich ist, wenn die Stereotype änderungsresistent sind. Tiittula erklärte,

„Das Wissen wird nicht nur über eigene Erfahrungen, sondern zum großen Teil über Texte (im weiteren Sinne) erworben, d.h. es wird von Generation zu Generation weitergegeben. [...] Stereotype gehören also zum geteilten Wissen einer Gruppe bzw. einer Gemeinschaft, und sie sind daher auch sehr haltbar. [...] "[7]

2.2.3. Vereinfachung

Als Lippmann zum ersten Mal den Begriff „Stereotyp" in die Sozialwissenschaft einführte, war er der Meinung, dass man, um in der Umwelt zu handeln, sie erst in einfacheren Modellen rekonstruieren müsse, ehe man damit umgehen könne.[8] Stereotype sind eine Vereinfachung der Realität.

2.2.4. Indirektheit

Stereotype beruhen nicht auf individuellen Erfahrungen, sondern werden von außen - im Laufe der Sozialisation - vermittelt.[9] Nach Lippmann stellen neben Institutionen wie Familie,

---

[5] Klooth, Astrid: „Auto"- Stereotypen? Deutsche, britische und französische Fahrzeugwerbung im Vergleich. Duisburg 2005, S. 28.
[6] Lo, Daniel Tsann-ching: Die Bedeutung kultureller Selbst- und Fremdbilder in der Wirtschaft. Sternenfels 2005, S.45.
[7] vgl. Lo, Daniel Tsann-ching: Die Bedeutung kultureller Selbst- und Fremdbilder in der Wirtschaft. Sternenfels 2005, S.51.
[8] Lippmann, Walter: Die öffentliche Meinung, München 1964, S.18.
[9] Klooth, Astrid: „Auto"- Stereotypen? Deutsche, britische und französische Fahrzeug-

Schule und Freundeskreis die Medien eine entscheidende Quelle bei der Erschaffung von Stereotypen dar. Sie sind insofern Phänomene, die vorrangig durch Sekundärerfahrung etabliert werden.[10]

2.2.5. Werturteile

In der sozialpsychologischen Tradition gilt das Hauptaugenmerk dem mentalen Charakter des Stereotyps, d.h. mit Wertungen und Einstellungen verknüpfte Personen- und Gruppen-konzepte von mehr oder weniger großer gesellschaftlicher Wirkmächtigkeit.[11] Nach Bierbrauer sind Stereotype in der Regel negativen Inhalts; es existieren aber auch solche mit positiver Wertung.[12] Daher sind Stereotype immer mit Werturteilen verbunden.

2.2.6. Verbalität

Stereotype entstehen im gesellschaftlichen Kontext und werden über diesen weitergegeben, d.h. Stereotype sind immer verbaler Natur, da sie durch Sprache - sei es in schriftlicher oder mündlicher Form - vermittelt werden. Bassewitz sagte: „Der verbale Ausdruck kann nicht ohne das Stereotyp existieren und umgekehrt."[13]

2.2.7. Historizität

Stereotype gehen häufig auf die gesammelten und letztendlich generalisierten Erfahrungen einer Nation zurück und enthalten eine „historische Dimension", aufgrund derer sie sehr stabil und resistent gegenüber neuen Informationen sind.[14]

---

werbung im Vergleich. Duisburg 2005, S. 28.

[10] Köhler, Julia: Ethnostereotypen in der Werbung; in: Medien und Wirklichkeit. 2. Studentische Medientage Chemnitz 2006, hg. von Ruth Geier, Madlen Wuttke & Robert Piehler, Chemnitz 2008, S. 123-136, hier S.125.

[11] Klooth, Astrid: „Auto"- Stereotypen? Deutsche, britische und französische Fahrzeug-werbung im Vergleich. Duisburg 2005, S. 26.

[12] Lo, Daniel Tsann-ching: Die Bedeutung kultureller Selbst- und Fremdbilder in der Wirtschaft. Sternenfels 2005, S.44.

[13] Bassewitz, Susanne: Stereotypen und Massenmedien: Zum Deutschlandbild in französischen Tageszeitungen. Wiesbaden 1990, S.19.

[14] Klooth, Astrid: „Auto"- Stereotypen? Deutsche, britische und französische Fahrzeug-werbung im Vergleich. Duisburg 2005, S. 28.

2.3. Funktionen

Stereotype besitzen verschiedene Funktionen; im Folgenden werden sie aus der positiven und der negativen Perspektive zusammengefasst:

2.3.1. positive Funktionen

2.3.1.1. Orientierungsfunktion

In einer außerordentlich komplexen Welt sucht sich der Mensch durch Vereinfachung eine Orientierung bzw. einen erleichterten Zugang zu ihr. Das Stereotyp ist ein angemessenes Mittel dafür. Lippmann sagte: „In dem großen blühenden, summenden Durcheinander der äußeren Welt wählen wir aus, was unsere Kultur bereits für uns definiert hat, und wir neigen dazu, nur das wahrzunehmen, was wir in der Gestalt ausgewählt haben, die unsere Kultur für uns stereotypisiert hat."[15]

2.3.1.2. Anpassungsfunktion

Zum Anpassen in einem Umfeld und zum Verringern von Konflikten und Spannungen mit der In- und der Outgroup kann eine Veränderung in der Einstellung eines Individuums dienen. Manche Personen haben nur deshalb bestimmte Stereotype, weil diese ihnen das Leben in ihrer Gruppe erleichtern.[16]

2.3.1.3. Identitätsbewahrungsfunktion

Stereotype dienen der Verteidigung der gesellschaftlichen Stellung und sind in diesem Sinne ein Instrument der Selbstbehauptung sowie der Identitätsstiftung.[17] Sie fungieren als ein sozialer Selbstschutz […] und bedingen den Ausschluss von anderen nationalen, beruflichen, sozialen oder ethnischen Gruppen, gegenüber welchen sich das Individuum abgrenzen und somit sein Selbstbild aufrechterhalten kann.[18]

---

[15] Lo, Daniel Tsann-ching: Die Bedeutung kultureller Selbst- und Fremdbilder in der Wirtschaft. Sternenfels 2005, S.48.
[16] Lo, Daniel Tsann-ching: Die Bedeutung kultureller Selbst- und Fremdbilder in der Wirtschaft. Sternenfels 2005, S.49.
[17] Lippmann, Walter: Die öffentliche Meinung. München 1964, S.24.
[18] Klooth, Astrid: „Auto"- Stereotypen? Deutsche, britische und französische Fahrzeugwerbung im Vergleich. Duisburg 2005, S. 28.

2.3.1.4. Spiegelungsfunktion

Stereotype erleichtern durch ihre Orientierungsfunktion den Umgang mit Fremden und sind gleichzeitig inhaltlich auch immer ein Spiegel der Erfahrungen und des Wissensvorrats derjenigen, die sie äußern.[19]

2.3.2. negative Funktionen

Zuerst werden Stereotype zwar allgemein als Generalisierungen bezeichnet, aber häufig auch als Übergeneralisierungen, sachlich unkorrekte oder starre Generalisierungen oder Ergebnis eines fehlerhaften Denkprozesses näher bestimmt.[20] Die Generalität der Stereotype dient einerseits der Orientierungsfunktion, ignoriert andererseits aber auch individuelle Eigenschaften des Einzelnen. Nicht jedes Individuum stellt einen generalisierten stereotypischen Charakter dar.

Des Weiteren sprechen Stereotype in ungerechtfertigt vereinfachender und generalisierender Weise, mit emotional wertender Tendenz, einer Gruppe von Personen bestimmte Eigenschaften oder Verhaltensweisen zu.[21] Dieses vereinfachte Muster der Welt muss nicht unbedingt mit der Wirklichkeit übereinstimmen.[22] Stereotype basieren auf der Reduzierung der Realität und vernachlässigen den Kontext, in dem sie entstanden sind.

Zum Schluss sind Stereotype historisch und werden von einer Generation zur nächsten weitervermittelt.[23] Zugleich bedingt diese historische Eigenschaft der Stereotype, dass sie nicht rechtzeitig die neuen Entwicklungen bestimmter Gruppe darstellen können.

---

[19] Bolten, Jürgen: Einführung in die interkulturelle Wirtschaftskommunikation. Stuttgart 2007, S.128.

[20] Lo, Daniel Tsann-ching: Die Bedeutung kultureller Selbst- und Fremdbilder in der Wirtschaft. Sternenfels 2005, S.45

[21] Klooth, Astrid: „Auto"- Stereotypen? Deutsche, britische und französische Fahrzeugwerbung im Vergleich. Duisburg 2005, S. 27.

[22] Köhler, Julia: Ethnostereotypen in der Werbung; in: Medien und Wirklichkeit. 2. Studentische Medientage Chemnitz 2006, hg. von Dr. Ruth Geier, Madlen Wuttke & Robert Piehler, Chemnitz 2008, S. 123-136, hier S.126.

[23] Klooth, Astrid: „Auto"- Stereotypen? Deutsche, britische und französische Fahrzeug-

Stereotype können aus verschiedenen Perspektiven kategorisiert werden, z.B. Autostereotyp und Heterostereotyp,[24] nationales und soziales Stereotyp. In dieser Arbeit wird das nationale Heterostereotyp auf Titelseiten als Forschungsgegenstand gewählt.

3. Untersuchungsgegenstand

Als Titelseite (englisch cover) bezeichnet man die erste Seite und zugleich die wichtigste von mehrseitigen Druckwerken wie Zeitungen und Zeitschriften. Sie ist mit dem Zeitungskopf die Visitenkarte und zugleich das Schaufenster der Publikation.

Auf der Titelseite sind meistens der Titel des Druckwerks sowie die Ausgabennummer oder das Erscheinungsdatum und der Preis in den jeweiligen Vertriebsgebieten angeführt sowie ein Element, das die Art des Druckwerkes beschreibt. Bei Zeitschriften besteht die Titelseite meistens aus einem Titelbild und Ankündigungen der Artikel.

In der vorliegenden Arbeit ist die Titelseite des Magazins „Der Spiegel" als Untersuchungs-gegenstand ausgewählt worden. Die Titelseite des „Spiegel" ist grundsätzlich übersichtlich gegliedert. Das weiße Logo steht in der Regel oben auf der roten Titelseite, während ein prägnantes Foto bzw. Bild den unteren großen Raum einnimmt, auf dem meistens das Schwerpunktthema der Ausgabe dargestellt wird.[25] Das Titelbild und die Ankündigungen bedienen sich oft der Stereotype eines Landes, um das Interesse der Leser zu wecken. Dies bildet die Untersuchungsgrundlage der vorliegenden Arbeit.

In dieser Arbeit wird die Stereotypenforschung über die verbale Ebene hinaus erweitert, d.h. nicht nur die verbale Perspektive, sondern auch die nonverbale Perspektive, nämlich Bild und Farbe, ist für die Analyse bedeutend.

---

werbung im Vergleich. Duisburg 2005, S. 28.
[24] Klooth, Astrid: „Auto"- Stereotypen? Deutsche, britische und französische Fahrzeug-werbung im Vergleich. Duisburg 2005, S. 32.
[25] http://de.wikipedia.org/wiki/Titelseite

4. Stereotype über China auf Titelseiten des Magazins „Der Spiegel"

Insgesamt wurden alle Titelseiten des „Spiegel" (einschließlich „Spiegel", „Spiegel Special", „Dein Spiegel", „Spiegel Geschichte" und „Spiegel Wissen") vom Jahr 1947, dem Jahr der Erstausgabe, bis zur Gegenwart, nämlich bis zur 35. Ausgabe 2011, untersucht. Davon betreffen 47 Titelseiten das Thema China.

Die Stereotype über China auf diesen Titelseiten können in drei Kategorien eingeordnet werden, nämlich Personen, Gegenstände und Fantasietiere.

4.1. Kategorien der Stereotype über China

4.1.1. Personen: Mao, Schauspielerin, Menschenmasse

In Bezug auf Personenstereotype über China fällt zuerst Mao Zedong auf. Das Foto bzw. Bild von Mao taucht oft auf Titelseiten auf. Allerdings werden hier diejenigen Fotos bzw. Bilder von der Untersuchung ausgeschlossen, die kein Stereotyp über China, sondern Mao selbst als eigenes Thema darstellen. Wie z.B. Hier steht die Schlagzeile „Maos letztes Gefecht" im Bild, und ein Foto von Mao wurde zur Illustration dieser Person gezeigt. Hier dient das Foto nicht als Stereotyp über China.

In der 43. Ausgabe 1972 wurde ein Porträtabzeichen Maos vorgelegt, um China, den neuen Partner Deutschlands, darzustellen. Ähnlich wie in der 5. Ausgabe 2004 von „Spiegel Special" wurden verschiedene Stereotype über China gezeigt, darunter auch das Porträt von Mao, um das Thema China zu verdeutlichen. Derselbe Fall gilt auch für die 33. Ausgabe 1972 und die 11. Ausgabe 1974.

Auch berühmte Schauspieler werden als Stereotype über China ausgewählt. In der 9. Ausgabe 1997 kommt Gong Li, eine im Westen bekannte Schauspielerin vor, um das neue China zu verkörpern. In der 12. Ausgabe 2000 taucht Zhang Manyu, auch eine bekannte Schauspielerin, auf.

Darüber hinaus werden auch typische asiatische Gesichter mit ergänzenden Angaben oft zur Vorführung des Stereotyps China verwendet. In der 45. Ausgabe 1978 wurde ein Gesicht eines chinesischen Soldaten mit einer Militärmütze mit Stern gezeigt. Das Gesicht mit Mongolenfalte, niedriger Nasenwurzel und dicken Lippen ist ein typisches asiatisches Gesicht. Darüber hinaus drückt die darunter stehende Schlagzeile „Die gelbe Gefahr" das deutsche stereotypische Denken der Kolonialzeit über China aus, mit dem die USA und die europäischen Kolonialmächte Ressentiments gegen asiatische Völker, insbesondere China, zu schüren versuchten.[26] Auch in der 35. Ausgabe 2007 wurde eine asiatische Frau mit Schlitzaugen dargestellt Die dazugehörende Schlagzeile „Die gelben Spione" verwendete ebenfalls das Adjektiv „gelb", das sich nicht nur die Hautfarbe bezieht, sondern dessen Ursprung auch wie im letzten Fall auf die koloniale Geschichte zurückgeht.

In der 11. Ausgabe 1974 wurden viele Arbeiter mit blauer Arbeitskleidung auf einer Baustelle abgebildet. Diese sogenannten blauen Ameisen, deren Bezeichnung in der chinesischen Kulturrevolution durch die einheitliche blaue Arbeitskleidung entstand,[27] kennzeichnet das damalige Stereotyp über Chinesen. Dieselbe Darstellung von Chinesen findet man auch in der 45. Ausgabe 1978.

4.1.2. Gegenstände

Außer Menschen wählt „Der Spiegel" zur Deutung Chinas auch gerne typische chinesische Gegenstände als Stereotyp. In der 45. Ausgabe 1978 wurde das Pailou und in der 9. Ausgabe 1997 die Große Mauer zu diesem Zweck gewählt. Diese beiden Gegenstände treffen die stereotypische Vorstellung der Deutschen von China. In der 37. Ausgabe 2006 taucht die Tonarmee auf: Jeder der Tonsoldaten hält eine Ware in Händen, die aus China exportiert wurde. Die Schlagzeile „Angriff aus Fern-Ost" zeigt Lesern durch die geografische Bezeichnung noch deutlicher, welches Land hier gemeint ist.

---

[26] http://de.wikipedia.org/wiki/Gelbe_Gefahr
[27] http://de.wikipedia.org/wiki/Blaue_Ameisen

4.1.3. Fantasietiere

Das Fantasietier Drachen, das wohl bekannteste Fabelwesen Chinas[28], wird häufig vom „Spiegel" verwendet, um den Bezug zum Thema China herzustellen. Dieses Stereotyp kommt in der 5. Ausgabe 1967, der 22. Ausgabe 1997, der 42. Ausgabe 2004, der 32. Ausgabe 2005 und 3. Ausgabe 2008 von „Spiegel Special" vor.

Die Schlagzeile „China, Geburt einer Weltmacht" in der 42. Ausgabe 2004 wurde mit einem Bild von einem gerade aus dem Ei herauskommenden Drachen illustriert. In der 3. Ausgabe 2008 von „Spiegel Special" brennt die Fackel auch mit drachenförmigem Feuer.

Allerdings ist es nicht zu übersehen, dass sich die Darstellung des Drachens allmählich wandelt, nämlich von seinem ersten Erscheinen in der 5. Ausgabe 1967 mit einem hässlichen, echsenartigen Aussehen zu einer normalen Darstellung, die oft in China vorkommt.

4.2. Stereotype Farben

Die vom „Spiegel" zur Darstellung Chinas bevorzugt verwendeten Farben sind vor allem Rot und Gelb.

Die politische Bedeutung der Farbe Rot hat sich im Verlauf der Zeit erheblich gewandelt. Heute wird Rot als die Farbe der Arbeiterbewegung verstanden und von sozialdemokratisch, sozialistisch und kommunistisch ausgerichteten Parteien, Bewegungen und Gewerkschaften als symbolisierendes Merkmal eingesetzt.[29] Daher taucht diese Farbe als stereotype Farbe für das sozialistische China häufig auf. Die Farbe Gelb zur Ergänzung der Farbe Rot wird auch sehr oft benutzt. Die Kombination von Rot und Gelb weist die Flaggenfarben Chinas auf, damit Leser sofort erkennen, dass es hier um China geht.

---

[28] http://de.wikipedia.org/wiki/Long_%28Mythologie%29
[29] http://de.wikipedia.org/wiki/Rot

5. Fazit

Das Stereotyp kann als eine vereinfachte Zusammenfassung von spezifischen Verhaltens-weisen oder Eigenschaften einer bestimmten Gruppe aufgefasst werden, die häufig einen hohen Wiedererkennungswert hat. In dieser Arbeit werden deutsche Stereotype über China durch die Analyse der Titelseiten des Magazins „Der Spiegel" dargestellt. Verschiedene Kategorien der Stereotype und stereotype Farben vom „Spiegel" geben eine neue Perspektive zur Untersuchung der deutschen Stereotype über China.

Bibliographie:

Bassewitz, Susanne: Stereotypen und Massenmedien: Zum Deutschlandbild in französischen Tageszeitungen. Wiesbaden 1990.

Bolten, Jürgen: Einführung in die interkulturelle Wirtschaftskommunikation. Stuttgart 2007.

Ehlich, Konrad: Vorurteile, Vor-Urteile, Wissenstypen, mentale und diskursive; in: Sprachliche und soziale Stereotype, hg. von Margot Heinemann. Frankfurt/ Main 1998, S.11-24.

Klooth,Astrid: „Auto"- Stereotypen? Deutsche, britische und französische Fahrzeugwerbung im Vergleich. Dissertation. Duisburg 2005.

Köhler, Julia: Ethnostereotypen in der Werbung; in: Medien und Wirklichkeit. 2. Studentische Medientage Chemnitz 2006, hg. von Ruth Geier, Madlen Wuttke & Robert Piehler, Chemnitz 2008, S. 123-136.

Lippmann, Walter: Die öffentliche Meinung. München 1964.

Lo, Daniel Tsann-ching: Die Bedeutung kultureller Selbst- und Fremdbilder in der Wirtschaft. Sternenfels 2005.

www.spiegel.de

http://de.wikipedia.org/wiki/Titelseite

http://de.wikipedia.org/wiki/Blaue_Ameisen

http://de.wikipedia.org/wiki/Long_%28Mythologie%29

http://de.wikipedia.org/wiki/Rot

http://de.wikipedia.org/wiki/Gelbe_Gefahr

Jingtao YU – University of International Business & Economics, Peking

Einstellungen von chinesischen und deutschen Mitarbeitern in Bezug auf „Reziprozität" im Kontrast

1. Einführung

Reziprozität, also Gegenseitigkeit, stellt eine Grundbedingung zwischenmenschlichen Handelns dar und ist ein grundlegendes, selbständiges und latentes Prinzip der Begegnung und Interaktion von Menschen. Im Alltagsleben wie bei der Arbeit ist Reziprozität unentbehrlich, weil ohne Reziprozität die Menschen nicht mit anderen kommunizieren und nicht einmal gut in der Gesellschaft leben könnten.

Im interkulturellen Kontext könnten die Kommunikationspartner mit unterschiedlichen kulturellen Hintergründen verschiedene Reziprozitätsregeln einhalten. Während die Deutschen zum Beispiel eine relativ schnelle Gegenleistung anbieten würden, würden sich die Chinesen eher an langfristigen Beziehungen orientieren. Das Prinzip der Gegenseitigkeit funktioniert bei den Chinesen möglicherweise in einer anderen Zeitspanne als bei den Deutschen. Das unterschiedliche Verständnis von Reziprozität könnte in der interkulturellen Begegnung zum Missverständnis führen. Deshalb ist es sinnvoll, die Einstellungen und Handlungen von Menschen aus unterschiedlichen Kulturen zu erforschen, damit man sich mehr über die Unterschiede informieren und in interkulturellen Teams besser mit Kollegen aus anderen Kulturen zusammenarbeiten kann. Solche Kenntnisse könnten einem auch helfen, das interkulturelle Bewusstsein und die interkulturelle Kompetenz zu verstärken.

Im vorliegenden Aufsatz werden zuerst die Bedeutung des Begriffs „Reziprozität" sowie ihre Arten und ihre Implikation in Kultur dargestellt. Dann werden anhand einer qualitativen empirischen Forschung, nämlich Leitfadeninterviews, die Einstellungen von chinesischen und deutschen Teammitgliedern in Bezug auf Reziprozität untersucht und analysiert. Dabei werden ihre Unterschiede im Alltagsleben und bei der Arbeit exploriert.

2. Forschungsmethoden

Die in diesem Aufsatz beschriebene qualitative empirische Forschungsmethode bestand in der Durchführung und Auswertung von Leitfadeninterviews mit 40 chinesischen und deutschen Mitarbeitern aus verschiedenen interkulturellen Teams.

Das Leitfadeninterview (auch Leitfaden gesteuertes Interview) ist eine Befragungstechnik der qualitativen empirischen Sozialforschung. Es werden hauptsächlich im Interviewleitfaden festgelegte Fragen gestellt, die auch offener beantwortet werden können. Das Gespräch wird eventuell auch auf neue Gesichtspunkte gerichtet und somit das gesamte Interview erweitert.

Der Interviewer hat dementsprechend die Aufgabe, das Interview durch den Leitfaden zu steuern, wobei die Reihenfolge der Fragestellung nicht zwingend einzuhalten ist.[1] Zu den Leitfadeninterviews gehören zum Beispiel *„das fokussierte Interview", „das halbstandard-isierte Interview", „das problemzentrierte Interview", „das Experteninterview"* sowie *„das ethnographische Interview".*[2]

Die Fragen in den Leitfaden handeln hauptsächlich von Faktoren der Teamkohäsion, zum Beispiel Reziprozität, Kommunikation, Vertrauen, Kooperation usw. Die Interviewten haben alle Erfahrungen mit der Zusammenarbeit mit ausländischen Kollegen in interkulturellen

---

[1] Vgl. Ring, Erp: Signale der Gesellschaft. Psychologische Diagnostik in der Umfrage-forschung. Göttingen 1992, S. 20–41.
[2] Flick, Uwe: Qualitative Sozialforschung. Eine Einführung, Hamburg 2002, S. 117–142.

Teams. Deswegen steckt in dem Interview eine Verbindung von problemzentriertem Interview und Experteninterview. Die gestellten Fragen mit direktem Bezug auf Reziprozität sind:

- *Welche Einstellungen gibt es in Ihrer Kultur zur „Gegenseitigkeit", also „Reziprozität"? Welche Meinungen haben Sie persönlich dazu?*

Nach der Transkription der Interviews wurden mit der Methode der qualitativen Inhaltsanalyse 32 ausgewählte Interviews (je 16 auf Chinesisch und Deutsch) analysiert. Dabei wurden die Einstellungen und Handlungen der chinesischen und deutschen Interviewten in Bezug auf Reziprozität am Alltag und bei der Arbeit zusammengefasst und verglichen. Im Folgenden werden die Ergebnisse dargestellt. Einige Zitate der Interviews werden als Beispiele zur Unterstützung der Thesen vorgelegt. Zum Beispiel:

„Sie sind sehr direkt. Zustimmungen drücken sie direkt aus. Wenn sie unzufrieden sind, sagen sie es auch direkt, aber nicht streng, nur auf Basis von Anregungen oder Vorschlägen. Das ist gut." (C13, 65)

Die dem Zitat zugefügten Bemerkungen (C13, 65) bedeuten, dass das Zitat aus dem chinesischen Interview Nr. 13, Absatz Nr. 65 kommt, wobei C für chinesische Interviews steht, während D deutsche Interviews bezeichnen würde.

3. Begriffsbestimmung und Arten von Reziprozität sowie ihre Implikation in Kultur

3.1 Reziprozität

Reziprozität bedeutet *„Gegen-, Wechselseitigkeit, Wechselbezüglichkeit"*.[3] In der Soziologie wird sie als ein universelles soziales Prinzip angesehen. Sie gilt als implizite Regel bzw. ein unentbehrliches Aktionsprinzip der zwischenmenschlichen Kommunikation. Menschen sind voneinander gegenseitig abhängig, Reziprozität gehört sogar zu einer Bedingung des

---

[3] DUDEN. Deutsches Universalwörterbuch, 4., neu bearbeitete und erweiterte Auflage. Mannheim 2001. S. 1310.

Menschwerdens selbst.[4] „Durch Gegenseitigkeit entstehen Beziehungen und gegenseitiges Vertrauen."[5]

Reziprozität ist im Alltagsleben fast überall zu sehen. Zum Beispiel sind Geben und Akzeptieren/Nehmen die häufigsten Formen von Reziprozität. Nach meiner Ansicht impliziert Reziprozität mindestens eine der folgenden Eigenschaften: *1) nicht einseitig, sondern gegenseitig; 2) interaktiv; 3) gegenseitig auswirkend* etc.

Nach Stegbauer lassen sich begrifflich mindestens vier Reziprozitätsformen unterscheiden: *Direkte „echte" Reziprozität (eingeschränkter Tausch), Generalisierte Reziprozität, Reziprozität von Positionen (reziproke Rollenbeziehungen)* und *Reziprozität der Perspektive.*[6] Direkte Reziprozität beruht auf direkten Beziehungen und geschieht normalerweise direkt zwischen kommunizierenden Personen. Generalisierte Reziprozität ist eine Leistung, die erbracht wird, ohne auf einen direkten Ausgleich hoffen zu können.[7] Dieser Begriff wird häufig in Verbindung gebracht mit Gruppenzugehörigkeit. Die Begriffe der direkten und generalisierten Reziprozität stellen den Austausch selbst in das Zentrum.[8] Die Reziprozität von Position und die Reziprozität der Perspektive hängen ihrer Bedeutung nach eng miteinander zusammen.

„Reziprozität von Positionen meint, dass beispielsweise in Rollensystemen eine bestimmte Rolle immer gleichzeitig auch einen Gegenpart besitzt. Die Rollen passen ineinander, ja eine bestimmte Rolle mag ohne die andere gar nicht denkbar sein."[9]

---

[4] Vgl. Beck, 1956, Zit. n. (Verfasser und Titel unbekannt): http://de.wikipedia.org/wiki/Reziprozit%C3%A4t_(Soziologie) (15.07.2009).
[5] (Verfasser und Titel unbekannt): http://de.wikipedia.org/wiki/Reziprozit%C3%A4t_(Soziologie) (15.07.2009).
[6] Vgl. Stegbauer, Christian: Reziprozität: Einführung in soziale Formen der Gegenseitigkeit. Wiesbaden 2002, S. 31.
[7] Vgl. Lévi-Strauss, 1983, zit. n. Stegbauer, Christian: Reziprozität: Einführung in soziale Formen der Gegenseitigkeit. Wiesbaden 2002, S. 31.
[8] Vgl. Stegbauer, Christian: Reziprozität: Einführung in soziale Formen der Gegenseitigkeit. Wiesbaden 2002, S. 32.
[9] Vgl. Stegbauer: Reziprozität, S. 32.

Reziprozität der Perspektive meint,

„dass die beteiligten Akteure in der Lage sind, die aus der Perspektive des anderen sich ergebenden Erwartungen zu erkennen. Die dahinter stehende Idee ist, dass man, wenn man sich in die Lage des anderen hineinversetzt, auf eine bestimmte Art, und zwar von einem ähnlich Standpunkt aus, die Handlungen zu interpretieren weiß."[10]

Die Erwartungsstruktur der sozialen Beziehungen entsteht im Prozess des reziproken Austausches. Nur diejenigen Handelnden, die in der Lage sind, Reaktionen auf die ihnen gebotene Leistung oder Hilfe zu zeigen, können sich erst an dem reziproken sozialen Prozess des Austauschs beteiligen.[11] Der Ausgleich zwischen der Leistung und Gegenleistung in reziproken Austauschbeziehungen beruht nicht auf manifesten Verträgen, sondern auf dem Vertrauen auf die Plausibilität des Partners und auf der Stabilität der sozialen Beziehungen.[12]

Der Zustand, dass der Geber etwas gegeben hat, während der Nehmer noch keine Gegenleistung gebracht hat, ist günstig für die Stabilität der sozialen Beziehungen. Deshalb kann der reziproke Austauschprozess zur Herstellung wiederholender Interaktionsbeziehungen zwischen den Austauschpartnern beitragen, damit zwischen ihnen eine gemeinsame, relativ dauerhafte und auf Vertrauen basierende soziale Beziehungsgeschichte hergestellt werden kann. Durch die wechselseitige Pflichtbildung baut und verstärkt die reziproke Beziehung die soziale Beziehung zwischen den beiden Seiten.[13]

Das Motiv für die Pflege der reziproken Austauschbeziehungen ist u. a., dass der wiederholende Austausch und Interaktionsprozess die Interdependenz zwischen den Beteiligten

---

[10] Vgl. Stegbauer: Reziprozität, S. 32.
[11] Vgl. Gouldner, 2005, S. 110, zit. n. Becke, Guido: Soziale Erwartungsstrukturen in Unternehmen. Zur psychosozialen Dynamik von Gegenseitigkeit im Organisationswandel, Berlin 2008, S. 89.
[12] Vgl. Becke, Guido: Soziale Erwartungsstrukturen in Unternehmen. Zur psychosozialen Dynamik von Gegenseitigkeit im Organisationswandel, Berlin 2008, S. 90.
[13] Becke: Soziale Erwartungsstrukturen, S. 90.

fördern kann. Gouldner meint, dass reziproke Austauschbeziehungen darauf beruhen, dass jeder Teilnehmer Macht und Pflicht hat.[14]

3.2. Reziprozität und Kultur

Reziprozität ist impliziert im Kulturbegriff. Das Wort Kultur geht auf das lateinische *cultura* zurück, das seinerseits aus dem Verbum *colere (bebauen, bestellen, pflegen)* abgeleitet ist.[15] „Es handelt sich hierbei um *1. (be-)wohnen, ansässig sein, 2. pflegen, schmücken, ausbilden, wahren, veredeln, 3. bebauen, Ackerbau treiben* und *4. verehren, anbeten, feiern.*"[16] Jedes Bedeutungsfeld von Kultur bezeichnet die Art und Weise, wie der Mensch das ihm von Gott Überantwortete behandeln sollte: nämlich pfleglich. Das betrifft zum Beispiel: die Pflege zwischenmenschlicher Beziehungen; die Pflege von Seele, Geist und Körper; die Pflege der Erde und des Bodens sowie die Pflege transzendenter Beziehungen.[17] „Jede dieser Pflegehandlungen bezieht sich auf ein Reziprozitätsverhältnis (i. S, von „*colere*"): auf das zu den Mitmenschen, zu sich selbst, zur Natur und zu Gott."[18] In diesem Sinne lässt sich Kultur verstehen als konventionalisierte (und damit i. w. S. historisch tradierte) Reziprozitätspraxis.[19]

„Kultur als die Konfiguration reziproker Normen und Verhaltensmuster sichert also die Handlungsfähigkeit ihrer Mitglieder. Sie stellt Plausibilität, Regelmäßigkeit und Voraussehbarkeit der Handlungen – mit einem Wort: Normalität - für die betreffende Kultur her."[20]

In der traditionellen chinesischen Kultur verkörpert sich Reziprozität oft in der Einstellung und Aktion von „Bao" als Teil der Wortbildung, zum Beispiel „*Huibao*" (jm. etw. vergelten),

---

[14] Vgl. Becke: Soziale Erwartungsstrukturen, S. 92.

[15] Vgl. Bausinger, Hermann: Kultur, in: Handbuch interkulturelle Germanistik, hg. von Alois Wierlacher/Andrea Bogner, Stuttgart/Weimar 2003, S. 271-276, hier S. 272.

[16] Vgl. Petscheinig, 1969, S. 114, zit. n. Bolten, Jürgen: Einführung in die interkulturelle Wirtschaftskommunikation, Göttingen 2007, S. 11.

[17] Vgl. Bolten, Jürgen: Einführung in die interkulturelle Wirtschaftskommunikation, Göttingen 2007, S. 40.

[18] Bolten: Einführung, S. 40.

[19] Vgl. Bolten: Einführung, S. 42.

[20] Nicklas, 2006, S. 122, z. n. Bolten: Einführung, S. 42.

„Baoda" (sich für etw. revanchieren), *„Bao'en"* (eine Dankesschuld abtragen), *„Bao-ying"* (Strafe Gottes), *„Baochou"* (Rache üben), *„Baoxiao"* (sich für etw. dankbar zeigen), *„Baofu"* (gegen jn. Repressalien ergreifen), *„Baochang"* (Kompensation, Entschädigung), *„Toutaobaoli"* (kein Geschenk bleibt unerwidert), *„Yidebaoyuan"* (Böses mit Gutem vergelten), *„Yuanyuanxiangbao"* (Böses mit Bösem vergelten), *„Tianlizhaozhang, Baoyingbushuang"* (Gottes Mühlen mahlen langsam, aber sicher.) usw.

In Deutschland gibt es Sprichwörter in Bezug auf das Prinzip der Gegenseitigkeit wie zum Beispiel: *„Wie Du mir, so ich Dir!"* *„Was du säst, das erntest du"* und *„Wie du in den Wald hineinrufst, so schallt es heraus"*.

4. Einstellungen und Handlungen der chinesischen und deutschen Mitarbeiter in Bezug auf Reziprozität im Kontrast

Durch die Analyse der ausgewählten Interviews lassen sich Ähnlichkeiten und Unterschiede zwischen den Einstellungen von Reziprozität bei chinesischen und deutschen Interviewten feststellen.

4.1 Vor allem zeigen sich im Alltagsleben Unterschiede bei Reziprozität.

(1) Kurzfristigkeit und Langfristigkeit

Manche Interviewten meinten, dass sich Reziprozität in der deutschen Kultur eher kurzfristig und in der chinesischen Kultur eher langfristig orientiert, zum Beispiel:

„Es gibt schon diese Unterschiede in dieser Gegenseitigkeit, Reziprozität, also in der deutschen Kultur und in der chinesischen Kultur. In der deutschen Kultur ist es eher kurzfristig, d.h. wenn man einer Person heute hilft, dann möchte sie wieder auch heute geholfen werden. Also, heute in einer kurzen Zeit. Man denkt nicht unbedingt langfristig.

In China habe ich festgestellt, ich bin auch mit einer Chinesin verheiratet, dass diese Gegenseitigkeit einen sehr langen und unverbindlichen, nicht unverbindlich, aber einen sehr langen Zeitraum lassen kann. Das heißt, wenn einem heute jemand geholfen hat, dann hat man im Prinzip ein Debit-Konto im Kopf, d.h., diese Person, der muss ich auch

113

einmal helfen. Irgendwann wenn ich in dieser Position bin, um das auszugleichen, zu balancieren, um mein Gesicht zu behalten, gegenüber der anderen Person. Und d.h., das ist eben halt sehr stark in der chinesischen Kultur verankert. Auch in der deutschen, eine Hand wäscht die andere, allerdings nicht so ausgeprägt und auch nicht unbedingt jede Person hält sich in Deutschland daran. [...]sagt danke schön, aber denkt nicht unbedingt an die Gegenseitigkeit. Deswegen, also ich finde diese Art von Gegenseitigkeit in der chinesischen Kultur eigentlich sehr anders. " (D11, 36)

(2) Erwartung von Gegengabe und Vergeltung

Manche deutschen Interviewten meinen, dass die Reziprozität im Alltagsleben in China stärker eingehalten wird als in Deutschland. Man erwartet in China beim Geben oft eine spätere Gegenleistung, was anders als es in Deutschland ist.

„Also ich habe den Eindruck, das Prinzip, eine Hand wäscht die andere ist in China noch stärker ausgeprägt als es in Deutschland. Da wäscht vielleicht nicht direkt Ihre Hand dann wieder meine, wenn Sie das ein anderes Mal gewaschen hat, sondern das geht dann um ein paar Ecken, ja? Aber ich habe den Eindruck, in dieser Kultur hier ist es stark ausgeprägt, wenn ich Ihnen einen Gefallen getan habe, dann haben Sie gleichzeitig eine Pflicht, sich darum zu kümmern, dass jemand aus meiner Hemisphäre auch über Sie irgendwann mal begünstigt wird. Das ist, in Deutschland gibt es das bestimmt auch, ich glaube, dass es nicht so ausgeprägt ist. Also ich glaube, dass es in Deutschland nicht so zwingend ist, dass nur, weil man sich, weil ich Ihnen mal helfe, das ist, das ist so zu sagen, wenn ich Ihnen ein Hilfsguthaben habe, das ist hier viel stärker ausgeprägt. Und am Arbeitsplatz, also sich gegenseitig helfen, sich gegenseitig unterstützen, sich gegenseitig zu fördern, wir sagen, das ist, was unter chinesischen Kollegen wesentlich schwächer ausgeprägt ist als bei deutschen Kollegen, man hilft sich nicht so viel. Also der Konkurrenzkampf oder die Sorge, dass ich Wissen teile und dass auf die Weise mein Kollege immer mir auch ein Mitbewerber auf dem Arbeitsmarkt wird, das ist hier stärker als es in Deutschland. " (D05, 37)

114

Manche chinesischen Interviewten haben betont, dass man in China beim Geben viele eigene Interessen opfern muss. Aber gleichzeitig erwartet man eine Gegengabe oder Vergeltung in irgendeiner Form, sonst fühlt man sich irgendwie enttäuscht:

„In der chinesischen Kultur denkt man [...]besonders unter Verwandten und Freunden, oder zwischen relativ engeren Kollegen vielleicht wirklich mehr an andere als an sich selbst. Diesen Punkt kann man feststellen. Natürlich hofft man beim Opfern und Geben auf eine entsprechende Rückgabe. Das sind die Vorteile der Reziprozität. [...]Aber die Nachteile sind, dass man viele Gegenleistung auch erwartet. Falls der Partner einem keine entsprechende Rückgabe anbietet, fühlt man sich enttäuscht. Das ist anders als es in westlichen Ländern. Die Menschen aus Westländern sucht nach Selbstzufriedenheit. Das heißt, dass man zuerst seine eigenen Interessen befriedigen würde. Wenn es erreicht ist, gibt man dann anderen welche Hilfe. Falls der andere ihm nicht entsprechende Vergeltung oder Hilfe zurückgibst, fühlt er sich auch nicht enttäuscht, weil er mindestens nichts Unentbehrliches verloren hat." (C05, 31)

Aber es gibt auch andere Behauptungen:

„Man kann nicht sagen, wenn ich gut zu dir bin, erwarte ich etwas von dir. Man hilft einem oder ist gut zu einem, erwartet vor allem nicht, dass der andere einem auch etwas vergelten würde." (C10, 51)

(3) Beim Geschenkgeben und -nehmen meint man in Deutschland lieber: „Obwohl das Geschenk klein ist, ist es eine kleine Aufmerksamkeit, die von Herzen kommt" oder „Man nimmt keinen Dank an, wenn man nichts getan hat."

Aber im Alltagsleben sind die Geschenke von den Chinesen manchmal zu wertvoll, sodass die Deutschen peinlich berührt sind, weil sie meinen, dass man keine großen Geschenke als Dank akzeptieren sollte, falls man nichts getan hat.

„Ich finde es gut, dass die Deutschen peinlich berührt sind, wenn sie ohne große Verdienste Geschenke von dir bekommen. Sie mögen denken, warum du es ihnen schenkst.

[...] Man ist der Meinung, dass man ohne Leistung keine Geschenke als Dank

akzeptieren sollte. " (C17, 30)

Die Deutschen legen mehr Wert darauf, durch kleinere Geschenke Aufmerksamkeit vom Herzen zu zeigen.

(4) Man strebt nach dem Gewinn auf beiden Seiten

Von den Interviews kann man sehen, dass die chinesischen und deutschen Mitarbeiter der Meinung sind, dass es eine Ausgewogenheit bei der Reziprozität geben sollte und dass man nach Gewinn auf beiden Seiten streben sollte. Zum Beispiel:

„Kooperation ist sehr wichtig, weil jeder nicht im Vakuum arbeiten kann. Deshalb ist Kooperation eine Voraussetzung. Du musst mit anderen kooperieren, wenn alle die Aufgaben erledigen. Ohne Kooperation kann nichts erledigt werden, weil es in jeder Abteilung, in jedem Unternehmen einen Ablauf gibt. Jeder ist ein Teil der ganzen Wertekette. Du gibst anderen Hilfe und bekommst Hilfe von den anderen. Nur so kann eine Integration gebildet werden. Ich finde, dass alle, wenn nicht von einem gemeinsamen Leben und Tod gesprochen werden kann, doch eine Schicksalsgemeinschaft haben. Nicht wahr? Das heißt, deine Erfolge sind auf die Hilfe von anderen angewiesen und die anderen brauchen auch deine Hilfe. Das ist die Kopplung von einem Kettenglied mit einem anderen. Wir sprechen nun oft vom Win-Win-Effekt. Wenn man nicht kooperiert, entsteht eine Verlust-Verlust-Situation. " (C01, 83)

Ein weites Beispiel ist:

„Ja. Also grundsätzlich im Arbeitsalltag oder mit dem Ziel, mit dem ich arbeite, bedeutet das, wenn ich mit einer Hochschule kommuniziere, wenn wir ein Programm versuchen umzusetzen, dann muss es immer ein gegenseitiges Interesse sein. Das ist die Gegenseitigkeit. Beide Seiten müssen etwas davon haben. Und dieses gegenseitige Interesse bestimmt auch wie das Programm aussieht, und wie man miteinander umgeht, wie eine Hand wäscht die andere, wie Sie hier schon schreiben. " (D02, 39)

116

Man kann von den o. g. Zitaten sehen, dass es im Alltagsleben doch auch Ähnlichkeiten bei Einstellungen zur Reziprozität gibt: Man strebt bei der Reziprozität nach Gewinn auf beiden Seiten. Das sind die gemeinsamen Wünsche von den chinesischen und deutschen Kommunikationspartnern.

4.2 Aber bei der Arbeit gibt es Unterschiede zwischen den Einstellungen von chinesischen und deutschen Mitarbeitern in Bezug auf Reziprozität.

Zum Beispiel finden manche deutschen Interviewten, dass die Reziprozität zwischen chinesischen Mitarbeitern auf demselben Rang relativ schwach ist:

„In der deutschen Kultur ist es halt so, dass man gegenseitig respektiert, dass jeder seine Funktion in einem Prozess eines Unternehmens hat. In China ist es meistens so, und auch die Mitarbeiter, mit denen man arbeitet, die in ein Unternehmen kommen, sie sind an strikte Pyramidenorganisationen gewöhnt, wo sie stets gegen ihre eigenen Kollegen für den Chef arbeiten. Und damit kann man aber keine schlanken Unternehmen aufbauen. Das ist sehr sehr, fern von sehr extrem schlanken Unternehmen, wo einzelne Mitarbeiter hohe Kompetenz haben, und da muss man natürlich einen Kulturwandel erzeugen, durch Vorbild durch Vorleben. "(D07, 25)

Dieses Zitat verdeutlicht das Gefühl mancher deutschen Manager, dass zwischen chinesischen Mitarbeitern mehr Konkurrenz als Kooperation vorhanden ist.

Ob zwischen deutschen Kollegen auch ein starkes Konkurrenzbewusstsein da ist, hat der Aufsatz nicht untersucht. Aber die Gründe für mehr Konkurrenz als Kooperation zwischen den chinesischen Kollegen mögen nach meiner Ansicht dort liegen: 1) Die chinesischen Mitarbeiter haben von klein an in ihrer Erziehungsumgebung viel Konkurrenz gehabt, zum Beispiel man wurde man in der Rangfolge von Leistungen bei den Prüfungen in der Schule geordnet, und es gibt starke Konkurrenz bei der Aufnahmeprüfung von guten Mittelschulen und Hochschulen. Chinesen sind dadurch an Konkurrenz gewöhnt. Zweitens hat nach

Fukuyama die traditionelle Gesellschaft einen relativ kleinen Vertrauensradius. In der Gesellschaft mit relativ kleinem Vertrauensradius dominieren starke Beziehungen und Solidarität hauptsächlich innerhalb der Gruppe. Die Familienbeziehung und die Nah-Freunde-Beziehungen bilden die Grenzen des Vertrauens und der Aufmerksamkeit. Im Gegensatz dazu haben moderne Gesellschaften einen relativ weiten Vertrauensradius und sind charakterisiert durch schwache Beziehungen und Solidarität außerhalb der Gruppen.[21]

Die Reziprozität in China ist in Nah-Freunde-Beziehungen und Familienbeziehungen wahrscheinlich stärker als in Beziehungen zu Menschen außerhalb der engeren Gruppe. Man kann für Verwandte oder engere Freunde seine eigenen Interessen opfern, aber man ist zu Menschen, die nicht in engerer Beziehung stehen, zum Beispiel Kollegen oder Fremden oft nicht so warmherzig wie zu Verwandten und Freunden, manchmal ist man sogar in bestimmter Art teilnahmslos. Deshalb ist die Reziprozität zwischen Kollegen und Fremden anders als zwischen engeren Freunden und Verwandten. Aber natürlich kann man das nicht verallgemeinern.

5. Fazit

Aus den oben genannten Analysen ergibt sich, dass es zwischen den Einstellungen von chinesischen und deutschen Mitarbeitern in Bezug auf Reziprozität sowohl Ähnlichkeiten als auch Unterschiede gibt. Die Ursachen dieser Phänomene könnten in der kulturellen und sozialen Unterschiedlichkeit liegen.

Wie sollte man solche Unterschiede in Einstellungen in Bezug auf Reziprozität behandeln? Nach meiner Ansicht sollte man sich zuerst gut über die Unterschiede informieren und sie akzeptieren und respektieren. In der interkulturellen Kommunikation und im Prozess der interkulturellen Teamprozesse sollte man möglichst die Gewohnheiten der anderen berücksichtigen und ihnen auch helfen, einen zu verstehen. Dadurch kann die kulturelle

---

[21] Vgl. Vittar, Carlos F.: Interkulturelles Vertrauen im globalisierten beruflichen Kontext. Ein Erklärungsmodell, 1. Auflage, Hamburg 2008, S. 63.

Sensibilität verstärkt werden. Außerdem sollte man erkennen, ob man sich irgendwie verbessern und von den anderen etwas lernen kann. Man sollte sich möglichst gegenseitig ermutigen und fördern, die synergetischen Effekte der interkulturellen Kommunikation und Teamprozesse entfalten lassen und seine eigene interkulturelle Kompetenz erhöhen. Das würde zu einer besseren Kommunikation, einem stärkeren Vertrauen und einer besseren Entwicklung der Teamkohäsion beitragen.

Bibliographie:

Bausinger, Hermann: Kultur, in: Handbuch interkulturelle Germanistik, hg. von Alois Wierlacher/Andrea Bogner, Stuttgart/Weimar 2003, S. 271-276.

Becke, Guido: Soziale Erwartungsstrukturen in Unternehmen. Zur psychosozialen Dynamik von Gegenseitigkeit im Organisationswandel, Berlin 2008

Bolten, Jürgen: Einführung in die interkulturelle Wirtschaftskommunikation, Göttingen 2007

DUDEN. Deutsches Universalwörterbuch, 4., neu bearbeitete und erweiterte Auflage, Mannheim 2001

Flick, Uwe: Qualitative Sozialforschung. Eine Einführung, Hamburg 2002

Ring, Erp: Signale der Gesellschaft. Psychologische Diagnostik in der Umfrageforschung, Göttingen 1992

Stegbauer, Christian: Reziprozität: Einführung in soziale Formen der Gegenseitigkeit, Wiesbaden 2002

Vittar, Carlos F.: Interkulturelles Vertrauen im globalisierten beruflichen Kontext. Ein Erklärungsmodell, 1. Auflage, Hamburg 2008

Jiong LAI - Renmin Universität China, Peking

Meinungsvielfalt der wichtigsten Zeitungen Deutschlands

- Nachrichten und Kommentare zur

10. Bundespräsidentenwahl aus vier Zeitungen im Vergleich

1. Einführung

Der Titel bezieht sich auf ein komplexes 3-jähriges Forschungsprojekt von mir, mit dem Thema „Textpragmatisches Profil der gegenwärtigen deutschen Zeitungskommentare" (Die Forschungsergebnisse sollten im Chinesischen veröffentlicht werden). Es geht um 3 wichtige kommentierende Textsorten der Zeitungen, nämlich Leitartikel, Kommentar im engeren Sinne und Glosse. (Im weiteren Sinne ist der Kommentar der Oberbegriff, der alle kommentierenden Textsorten in der Zeitung umfasst.[1]) In diesen drei Textsorten werden kritische Stellungnahmen zu einem aktuellen Ereignis geäußert. Im Kontrast zu informationsbetonten Textsorten wie Meldung, Nachricht und Bericht sind sie sehr auffällig. Das Ziel der Untersuchung liegt darin, die 3 kommentierenden Textsorten aus der textpragmatischen Perspektive systematisch zu analysieren, um ihre prototypischen Merkmale und Charaktere auf verschiedenen Textebenen sowie in verschiedenen Zeitungen zu erfassen. Als Korpus dienen mehr als 50 Beispieltexte aus dem Bereich Politik in 4 bekannten deutschen Zeitungen, die im Jahr 2010 erschienen. Die vier Zeitungen sind *Frankfurter Allgemeine Zeitung (FAZ), Süddeutsche Zeitung, die Zeit* und *die Tageszeitung (taz).* Sie gehören zu den wichtigsten Zeitungen des Landes und besitzen einen welt- sowie

---

[1] Koszyk, Kurt, Pruys, Karl H. (Hrsg.): Wörterbuch zur Publizistik, München 1969/1976, S. 159

121

landesweiten Einfluss. Wichtig ist auch, dass sie unterschiedliche politische Orientierungen haben. Neben kommentierenden Texten werden auch informationsbetonte Texte als Untersuchungsgegenstände genommen, die im engen Zusammenhang mit den Kommentartexten in derselben Zeitungsausgabe stehen, um die Textanalyse im Hinsicht auf Intertextualität, Meinungsvielfalt usw. zu ermöglichen. Die Beispieltexte aus den vier Zeitungen, die zu derselben Textsorte gehören, haben das gleiche Datum.

Die Analyse der Beispieltexte findet auf den folgenden 3 Ebenen statt, nämlich der kommunikativ-pragmatischen Ebene, der strukturellen Ebene und der grammatischen Ebene. Als theoretische Grundlage der Analyse dienen die textlinguistischen und journalistischen Ansätze und Modelle der Pressetexte, z. B. die von Klaus Brinker festgelegten Kategorien und Kriterien der linguistischen Textanalyse und das Intentionskonzept für die Analyse von Pressetexten, das von Heinz-Helmut Lüger aufgestellt wurde. Die Textanalyse auf der kommunikativ-pragmatischen Ebene umfasst die Analysen zu den folgenden Kategorien, nämlich die textexternen kontextuellen Indikatoren, die Darstellungsperspektive, der Normbezug und die sprachlichen Aktualisierungen der Bewertung, die Intertextualität und die Meinungsvielfalt. Die vorliegende Arbeit bezieht sich hauptsächlich auf die Textanalyse zur Meinungsvielfalt.

Die ausgewählten Beispieltexte haben teilweise dasselbe Thema, wie die Bundespräsidentenwahl, die Kruzifixe in Schulräumen und die Gentests an Embryonen. Hier werden die Texte zur 10. Bundespräsidentenwahl als ein geeignetes Beispiel genommen. Über die Bundespräsidentenwahl berichten die vier Zeitungen mit unterschiedlichen Textsorten, aus unterschiedlichen Perspektiven bzw. mit unterschiedlichen Schwerpunkten. Die Art und Weise ihrer Berichterstattungen und ihres Bewertens decken sich auch nicht. Um das auszuleuchten, werden sowohl kommentierende als auch informationsbetonte Texte betrachtet. Das sind insgesamt 19 Beispieltexte, die am Tag nach der Bundespräsidentenwahl (01.07.2010) erschienen.

2. Textsorten und Textintentionen der Pressetexte

Aus kommunikativ-pragmatischer Sicht wird der Text im Rahmen der menschlichen Handlungen betrachtet. Texte sind „äußerst vielschichtige Sprachhandlungskomplexe"[2] und eingebettet in Kommunikationszusammenhänge sowie grundsätzlich intentional geprägt, wie sich Feilke (2000) äußert: „Texte sind das Resultat der Intentionalität einer Produktionshandlung, die den Textsinn artikuliert."[3] Mit dem Terminus „Textintention" ist die Zielorientiertheit eines Textes gemeint. Die Rolle eines Textes in der Interaktion, ihr Beitrag zur Realisierung gesellschaftlicher Aufgabenstellungen kann unter diesem Begriff zusammengefasst werden.[4] Davon ausgehend können die journalistischen Textvorkommen nach ihrer Textintention klassifiziert werden. Nach dem Intentionskonzept von Heinz-Helmut Lüger können sie in 5 Textklassen eingeteilt werden, nämlich kontaktorientierte, informationsbetonte, meinungsbetonte, auffordernde und instruierend-anweisende Texte.[5] Davon machen informationsbetonte und meinungsbetonte Texte den Kernbereich der Zeitung aus. Mit ihnen werden die zentralen Aufgaben der Zeitung wahrgenommen, nämlich erstens über aktuelle Geschehnisse zu berichten und zweitens dazu bewertende, einordnende Stellungnahmen zu liefern.[6]

Unter eine Textklasse fallen mehrere Textsorten, die sich auf verschiedenen Textebenen unterscheiden und spezifische Merkmale haben. So können die Textsorten als globales Textmuster zur Bewältigung von spezifischen kommunikativen Aufgaben in bestimmten Situationen umschrieben werden.[7] Zu den informationsbetonten Texten gehören die Textsorten Meldung, Nachricht, Bericht, Reportage usw., die die Aufgabe von objektiver Informationsvermittlung erfüllen.[8] Die wichtigsten Darstellungsformen der meinungs-

---

[2] Heinz-Helmut, Lüger: Pressesprache, Tübingen 1995, S. 61
[3] Zitiert nach Heinemann, Margot, Heinemann, Wolfgang: Grundlagen der Textlinguistik, Tübingen 2002, S. 99
[4] Vgl. Heinz-Helmut, Lüger: Pressesprache, S. 63
[5] A.a.O., Kapitel 4
[6] A.a.O., S. 70
[7] Heinemann, Margot, Heinemann, Wolfgang: Grundlagen der Textlinguistik, S. 170
[8] Heinz-Helmut, Lüger: Pressesprache, S. 89-125

betonten Texte sind Leitartikel, Kommentar, Glosse, Kolumne und Lokalspitze, deren Textintention in der expliziten Äußerung von Meinungen liegt.[9] Es ist heute in der Presse sehr üblich, dass zu einem wichtigen Ereignis nicht nur informationsbetonte Texte, sondern auch meinungsbetonte Darstellungsformen als eine wichtige Ergänzung publiziert werden. Die Absicht: Die Kommentare sollen Nachrichten für den Leser aufbereiten, sie ihm erklären und bewerten.[10] In derselben Zeitungsausgabe stehen die zwei Arten von journalistischen Darstellungsformen im engen Zusammenhang. Zu einer Nachricht zu dem wichtigsten Thema des Tages auf der Titelseite der Zeitung findet man ganz häufig auf den Innenseiten noch einen Bericht, der das Ereignis ausführlich mitteilt und einen kommentierenden Text, der zum Berichteten Stellung nimmt. Das Muster „1 Nachricht + 1 Bericht + 1 Leitartikel/ Kommentar/Glosse" ist bei den deutschen Zeitungen sehr üblich. Bei manchen Zeitungen z. B. der *Frankfurten Allgemeinen Zeitung* lassen sich zu einer Nachricht als Aufmacher der Zeitung mehrere Berichte und noch mehrere kommentierende Texte finden, so dass die Nachricht aus verschiedenen Perspektiven gedeutet und eingeordnet wird. Die Zahl der Textsorten und der einzelnen Texte zu demselben Ereignis sowie die anderen textuellen Faktoren, wie z. B. die Länge der Texte, kennzeichnen die Wichtigkeit eines Ereignisses in der nationalen sowie internationalen Politik. Die Werturteile in den Kommentaren spiegeln die Wertorientierungen und Wirklichkeitsvorstellungen der unterschiedlichen Gruppierungen wider. Es ist hoch interessant, die Nachrichten und Kommentare zu einem Ereignis aus verschiedenen Zeitungen zu betrachten und zu analysieren.

3. Nachrichten und Kommentare zur Bundespräsidentenwahl

Die Wahl des 10. Bundespräsidenten fand nach dem Rücktritt von Horst Köhler am 30. 06. 2010 statt. Die Bundesversammlung setzte sich aus 1244 Delegierten zusammen. Es waren in den ersten zwei Wahlgängen für eine absolute Mehrheit 623 Stimmen erforderlich. Insgesamt stellten Union und FDP 644 Wahlleute. Christian Wulff, der Kandidat von Union und FDP,

---

[9] Hoppe, Anja Maria: Glossenschreiben. Ein Handbuch für Journalisten, Wiesbaden 2000, S. 28
[10] A.a.O., S. 27

124

erhielt im ersten Wahlgang 600, im zweiten Wahlgang 615 und im dritten Wahlgang 625 Stimmen. Joachim Gauck, der Kandidat von SPD und Grünen, erhielt im ersten Wahlgang 499 Stimmen, im zweiten Wahlgang 490 und im dritten Wahlgang 494 Stimmen. Die Kandidatin von der Linkspartei Lukrezia Jochimsen hatte im dritten Wahlgang ihre Kandidatur zurückgezogen. Über die Wahl und Christian Wulff findet man am Tag danach insgesamt 19 Artikel in den vier untersuchten Zeitungen. Das sind 6 Texte aus der *Frankfurter Allgemeinen Zeitung* (1 Nachricht, 3 Berichte, 1 Glosse und 1 Leitartikel), 6 Texte aus der *Süddeutschen Zeitung* (1 Nachricht, 4 Berichte und 1 Leitartikel), 4 Texte aus der *Tageszeitung* (1 Nachricht, 2 Berichte und 1 Kolumne) und 3 Texte aus der *Zeit* (2 Berichte und 1 Glosse). Im Folgenden werden die Texte in einer Übersicht dargestellt, aufgeteilt nach der Textsorte sowie der Platzierung der Texte.

Zeit-ung	Text-zahl	Textsorten-zahl	Textsorte	Text-zahl	Seite	Rubrik/Spalten
FAZ	6	4	Nachricht	1	1-2	Seite 1(Aufmacher), Politik
			Glosse	1	1	Seite 1
			Leitartikel	1	1	Seite 1
			Bericht	3	2, 3	Politik
Südd.	6	3	Nachricht	1	1	Seite 1(Aufmacher)
			Bericht	4	2, 3	Politik/Tagesthema (2) Politik (3)
			Leitartikel	1	4	Politik/Meinung
taz	4	3	Meldung	1	1	Seite 1
			Bericht	2	2	Tagesthema
			Kolumne	1	12	Gesellschaft und Kultur
Zeit	3	2	Bericht	2	4	Politik
			Glosse	1	10	Politik/Meinung

Je mehr Textsorten und einzelne Texte zu einem Ereignis in einer Zeitung vorkommen, und an je wichtigeren Stellen die Texte stehen, desto größere Aufmerksamkeit schenkt die Zeitung dem Ereignis. In der *Frankfurter Allgemeinen Zeitung* und der *Süddeutschen Zeitung* ließ sich neben Nachrichten in der Form von Aufmachern und mehreren Berichten noch ein Leitartikel finden. Das heißt, sie hielten es für das wichtigste politische Ereignis des Tages und fanden es nötig, aus der Sicht der Chefredaktion das Ereignis zu bewerten, um die Einstellung der Leser zu beeinflussen. In der *Zeit* und der *Tageszeitung* wurde das Ereignis nicht als Aufmacher verwendet, und es fehlen Texte, die explizite Bewertungen vom Kern des Ereignisses liefern.

Davon ausgehend kann man die vier Zeitungen in eine Reihenfolge bringen, je nachdem, wie viel Wert sie dem Ereignis beimessen, nämlich die *Frankfurter Allgemeine Zeitung*, die *Süddeutsche Zeitung, die Tageszeitung* und die *Zeit*. Die Titel sowie die Inhalt und die Kernbewertungen der untersuchten Texte sind folgende:

1) *Frankfurter Allgemeine Zeitung*

Textsorte	Titel und Nebentitel[11]	Inhalt der Nachricht/ Kernbewertung des Kommentars
Nachricht	Christian Wulff zum Bundespräsidenten gewählt – 625 Stimmen im dritten Wahlgang/Opposition: schwere Niederlage für die schwarze-gelbe Koalition	Ablauf und Ergebnisse der 3 Wahlgänge, zitierte Bewertungen der Wahlergebnisse von den Oppositionsparteien
Glosse	Absurde Debatte	Durch Empfehlung der Parteiführungen wird die Wahl in die Nähe verfassungspolitischer Illegitimität gerückt. Die Sozialdemokraten und Grünen sind auf den Weg nach Absurdistan gegangen.
Leitartikel	Eine schwere Wahl	Mit der Wahl Wulffs hat das ohnehin schon lichtarme Regierungsbündnis seine eigene Zukunft weiter verdunkelt. Das schwerere Los hat Wulff getroffen.

---

[11] Frankfurter Allgemeine Zeitung, 01. 07. 2010, S. 1-3

Bericht 1	Liberale Legenden in der Bundesversammlung - Fünfzig Jahre lang war die FDP entscheidende Kraft bei der Wahl des Bundespräsidenten. Doch ihr Einfluss ist geschwunden. Komplizierte Rechenspiele sind die Wahlen geblieben.	Einfluss der FDP auf die Wahl gegenüber früheren Bundesversammlungen, Zahl der Wahlgänge der letzten 9 Bundespräsidentenwahlen
Bericht 2	Versteinerte Gesichter, gefallene Masken - Bei der Wahl des Bundespräsidenten wich der Plauderton im Lager der Koalition schnell entsetzter Geschäftigkeit. Später, nach der Wahl Wulffs, übten sich die Verlierer in Gewinnerposen.	Ausführlicher Bericht vom Verhalten und Reden der leitenden Personen von CDU/CSU und FDP in 3 Wahlgängen
Bericht 3	Das rot-rot-grüne Experiment - Wie die drei Oppositionsparteien SPD, Grüne und Linkspartei umeinander kreisten und am Ende halb zueinander fanden	Ausführlicher Bericht von Reaktionen und Reden der leitenden Personen der 3 Oppositionsparteien in 3 Wahlgängen

In der *Frankfurter Allgemeinen Zeitung*, die politisch konservativ ist, gab es insgesamt 6 Texte, 4 Textsorten, und sie machten 3 Zeitungsseiten aus. Von den vier Zeitungen ist sie die einzige Zeitung, die vor dem Redaktionsschluss über das Ergebnis des dritten Wahlgangs berichtet. Neben ausführlichen Berichterstattungen von allen 3 Wahlgängen sowie Reaktionen und Reden aller 5 Parteien kommen noch kommentierende Textsorten vor - eine Leitglosse und ein Leitartikel auf der Titelseite. In der Leitglosse mit 318 Wörtern wurde spöttisch gesagt, dass die Debatte über mögliche politische Auswirkungen eine absurde Debatte sei. Auf diese Bundespräsidentenwahl sei ein Schatten gefallen, und bedauerlicherweise haben ihn einige Alt-Politiker geworfen. Durch Empfehlung der Parteiführungen würde die Wahl in die Nähe verfassungspolitischer Illegitimität gerückt. Und die Sozialdemokraten und Grünen seien auf den Weg nach Absurdistan gegangen, weil sie mit dem Weltbild des Kandidaten Gauck nicht übereinstimmen und ihn doch gewählt haben. Die Rede von Kurt Biedenkopf, ehemaliger Generalsekretär der CDU und Ministerpräsident von Sachsen, der sich in dieser Debatte als Wortführer hervorgetan hat, wurde auch kritisiert.

Unter der Leitglosse befindet sich ein Leitartikel mit 762 Wörtern. In diesem Text wurde die Wahl als eine schwere Wahl und eine schmerzliche Erfahrung der Regierungskoalition bewertet. Es wurde darauf hingewiesen, dass diese Wahl das Problem des Regierungsbündnisses widerspiegelte. Mit der Wahl Wulffs habe das ohnehin schon lichtarme Regierungsbündnis seine eigene Zukunft weiter verdunkelt. Und Wulff habe das schwere Los getroffen, weil er künftig an dem nicht gewählten Präsidenten Gauck gemessen würde. Der Schwerpunkt des Textes liegt darin, die Gründe der schweren Wahl aufzudecken und die Motive der Kanzlerin, Christian Wulff als Kandidaten auszuwählen, zu erhellen. An der Regierungskoalition wird zwar Kritik geübt, aber die Kritik klingt einigermaßen zurückhaltend. Mit Merkel und Wulff wurde auch Mitleid geäußert, z. B. wurde Wulff als ein richtiger Kandidat mit genügender politischer Erfahrung beschrieben.

2) *Süddeutsche Zeitung*

Textsorte	Titel und Nebentitel[12]	Inhalt der Nachricht/ Kernbewertung des Kommentars
Nachricht	Wahl des Bundespräsidenten offenbart Unmut in Koalitionsparteien - Denkzettel für Angela Merkel - Christian Wulff fällt in den ersten beiden Wahlgängen durch. FDP-Generalsekretär beklagt chaotisierende Elemente in der Regierung	Ausführlicher Bericht von den ersten 2 Wahlgängen (Beim Redaktionsschluss hatte der 3. Wahlgang noch nicht begonnen.)
Bericht 1	Gerechtigkeit erhöht ein Volk - Die ersten Worte der gerade gewählten Präsidenten sind nicht immer große Reden, die folgen meist nach der Vereidigung	Vorstellungen der letzten 9 Bundespräsidenten, Ergebnisse der Abstimmung und ihre Äußerungen über die Verantwortung des Bundespräsidenten
Bericht 2	Im Rollstuhl zur Abstimmung - Anekdoten, Kuriosa und Wunderliches rund um den ernsten Job, einen Präsidenten zu wählen	Anekdoten und Zwischenfälle bei der Bundespräsidentenwahl in der Geschichte (beschrieben in einem ironischen Ton)

[12] Süddeutsche Zeitung, 01. 07. 2010, S. 1-4

Bericht 3	Die Kunst des Ungefähren - Welche Aufgaben auf David McAllister, Wulffs Kronprinzen, in Niedersachsen warten	Vorstellung des Vorsitzenden der CDU in Niedersachsen David McAllister
Bericht 4	Angezählt - Christian Wulff als Bundespräsident: das war als Comeback der Regierung geplant. Aber wieder muss Angela Merkel einstecken. Zu viele schwarz-gelbe Wahlfrauen und -männer gehen in den ersten beiden Wahlgängen fremd. Und jeder weiß, wen es treffen soll.	Ausführlicher Bericht von den ersten 2 Wahlgängen sowie Verhalten und Reden der 5 Parteien
Leitartikel	Merkels Menetekel	Diese Bundesversammlung wurde zu Merkels Menetekel. Der Wahltag ist ein Zahltag für Merkel, sie ist die Verliererin des Tages.

Im Vergleich zu der *Frankfurter Allgemeinen Zeitung* übt die linksorientierte *Süddeutsche Zeitung* harte Kritik an Merkel. In der Nachricht und den 4 Berichten, die 3 Zeitungsseiten ausmachen, fehlen nicht Vorwürfe und Angriffe gegen Merkel, z. B. hat die Nachricht als Aufmacher der Zeitung den folgenden Titel: „Wahl des Bundespräsidenten offenbart Unmut in Koalitionsparteien - Denkzettel für Angela Merkel"; Der Titel vom Bericht 4 lautet: „Angezählt - Christian Wulff als Bundespräsident: das war als Comeback der Regierung geplant. Aber wieder muss Angela Merkel einstecken. Zu viele schwarzgelbe Wahlfrauen und -männer gehen in den ersten beiden Wahlgängen fremd. Und jeder weiß, wen es treffen soll." In diesem Bericht werden kritische Bewertungen zu der Wahl von verschiedenen Seiten wiedergegeben.

In dem Leitartikel mit 740 Wörtern an der prominentesten Stelle auf der Seite „Poltik/ Meinung" wird die Bundespräsidentenwahl als Merkels Menetekel bewertet. Der Text ist voller Kritik und Vorwürfe. Es wird gesagt, dass der Wahltag ein Zahltag für Merkel sei. Sie sei die Verliererin des Tages. Sie habe ihre machtpolitischen Spielchen mit dem höchsten Staatsamt getrieben und verfinge sich in den Fallstricken ihrer vermeintlichen Schläue. Dadurch habe sie den allgemeinen Vertrauensverlust in die Regierung noch vergrößert. Mit solchen Sätzen wurde die Stellungnahme der Oppositionsparteien verdeutlicht. Merkel allein wurde die Schuld zugewiesen. Sie habe ein negatives Image bekommen, das dem Geist der Demokratie widerspricht.

3) *die Tageszeitung*

Textsorte	Titel und Nebentitel[13]	Inhalt der Nachricht/ Kernbewertung des Kommentars
Meldung	Blamage für Merkel und Westerwelle - Präsidentenwahl. Wulff erhält längst nicht alle schwarz-gelben Stimmen	Kurze Vorstellung der Ergebnisse der ersten 2 Wahlgänge
Bericht 1	Klatsche für Merkel. Bundesversammlung - Christian Wulff (CDU), Kandidat der schwarz-gelben Regierung für das Amt des Bundespräsidenten, scheitert auch im zweiten Wahlgang deutlich	Ausführlicher Bericht von den ersten 2 Wahlgängen
Bericht 2	Das linke Dilemma. Linkspartei. Die Partei agiert nicht so geschlossen, wie sie sich im Vorfeld der Wahl dargestellt hat.	Jochimsens Ergebnis in den 2 Wahlgängen und das Dilemma der Linkspartei - für oder gegen Gauck zu entscheiden
Kolumne (Josef Winkler)	Die Frage ist nur: wie lösen wir jetzt das Ganze? Die Bundespräsidentenwahlluft brennt	Hier brennt die Bundespräsidentenwahlluft. Im Fall eines Scheiterns der Wulff-Wahl könnte Schwarz-Gelb endgültig in Stücke fliegen.

In der ganz linksorientierten *Tageszeitung* wurde über die Wahl auch als das Tagesthema in der Rubrik „Politik" berichtet, aber es fehlen kommentierende Texte, die auf den Kern des Geschehens eingehen. Nur auf der 12. Seite, in der Rubrik „Gesellschaft und Kultur" gab es eine Kolumne von Josef Winkler. In einem ironischen Ton wurde gesagt, dass die Bundespräsidentenwahlluft brennt. Im Fall eines Scheiterns der Wulff-Wahl könnte Schwarz-

---

[13] Die Tageszeitung, 01. 07. 2010, S. 1-2, 12

Gelb endgültig in Stücke fliegen. Als eine Glosse konzentriert sich der Text nur auf die Gegebenheiten am Rande des politischen Geschehens.

Textsorte	Titel und Nebentitel14	Inhalt der Nachricht/ Kernbewertung des Kommentars
Bericht 1	Schafe im Wolfspelz - Rüttgers, Koch & Co. - Angela Merkels alte Gegenspieler treten geschlagen ab	Abgang mehrerer alter CDU-Politiker aus der aktiven Politik - Machtbereinigung zugunsten der Kanzlerin. Die Generation Wulff stand in einem Spannungsverhältnis zu Merkel.
Bericht 2	McNiedersachse - Der neue Ministerpräsident in Hannover galt als Scharfmacher. Das war einmal.	Vorstellung des neuen Ministerpräsident in Niedersachsen David McAllister
Glosse	Keiner geht vom Platz - was Bundespräsidenten und Schiedsrichter gemeinsam haben.	Der mutmaßliche neue Bundespräsident Wulff muss Verantwortung tragen.

Die Informationstexte zum Thema Präsidentenwahl in *der Tageszeitung* sind aber sehr auffällig, weil ihre Titel eine explizite Bewertung enthalten. In der Meldung auf der Titelseite der Zeitung wurde die Wahl als „Blamage für Merkel und Westerwelle" bezeichnet, wie der Titel lautet. Der Titel von Bericht 1 lautet: „Klatsche für Merkel". Er stammt aus einem Zitat des schleswig-holsteinischen FDP-Fraktionschefs Wolfgang Kubicki: „Es ist für die, die Christian Wulff nominiert haben, eine Klatsche." Der Bericht 2 hat den Titel „Das linke Dilemma". Dem Text nach agierte die Linkspartei nicht so geschlossen, wie sie sich im Vorfeld der Wahl dargestellt hat. In der Wahl befand sie sich im Dilemma - sich für oder gegen Gauck zu entscheiden. Mit den 3 informationsbetonten Texten wurde die kritische Stellungnahme der Zeitung sowohl zur regierenden Koalition als auch zur Linkspartei verdeutlicht.

---

[14] Die Zeit, 01. 07. 2010, S. 4, 10

4) *Die Zeit*

In der liberal orientierten Wochenzeitung *Die Zeit* sind die Berichterstattungen zu dem Ereignis nicht so aktuell gestaltet wie bei den anderen drei Zeitungen. Es fehlen Berichte über die Ergebnisse der Abstimmungen. Man findet nur einen Verweis oben rechts auf der Titelseite der Zeitung, mit Fotos von Christian Wulff und Joachim Gauck, dass man Berichte, Analyse und Kommentare zu diesem Thema bei *Zeit-online* finden könne. Auf der Seite 4 lassen sich 2 Berichte finden. In einem geht es um den Personalwechsel in der Union. Die Gründe, warum die Kanzlerin Christian Wulff als Kandidaten nominierte, wurden tiefgehend analysiert. Es wurde darauf hingewiesen, dass das Abtreten der alten prominenten CDU-Politiker als Machtbereinigung zugunsten der Kanzlerin gesehen werden kann. Damit durchlebe Merkel aber die tiefste Krise ihrer Karriere. Die Generation Wulff stand zu ihr in einem Spannungsverhältnis. Im Bericht 2 handelt es sich um den Nachfolger Wulffs in Niedersachsen - David McAllister. In der Rubrik „Politik/Meinung" gab es zu diesem Thema nur eine Glosse. Sie wurde vor dem Beginn der Wahl geschrieben und nimmt überhaupt keine Stellung zur Wahl selbst. Das Ziel des Textes ist es, Gemeinsamkeit zwischen dem Fußball-schiedsrichter und dem Bundespräsidenten zu glossieren. In dieser Rubrik fand man noch zwei Texte zum Thema Landtagswahl, aber sonst nichts mehr über die Bundespräsi-dentenwahl.

Warum hat *Die Zeit* keine ausführliche und aktuelle Berichterstattung zu der Wahl? Der Grund liegt meines Erachtens darin, dass erstens *Die Zeit* als eine Wochenzeitung nicht so rasch auf das Zeitgeschehen wie die drei Tageszeitungen reagieren kann. Zweitens wird der Wunsch der Lesergruppe widergespiegelt, dass Politik, besonders die Landespolitik nicht von großer Bedeutung ist. Als Aufmacher verwendet diese Zeitungsausgabe den Feuilletontext mit dem Thema „Rettet die deutsche Sprache!" Auf der Titelseite gibt es noch zwei Leitartikel. In einem geht es um die politischen Strategien von Obama und die Beziehung zwischen USA und Europa. In dem anderen geht es um Fußball und den Bundestrainer Jogi Löw.

4. Schluss

In dem Mehrparteien-System Deutschlands ist es für die Presse schwierig, über ein politisches Geschehen rein objektiv und neutral zu berichten und zu kommentieren. Von irgendeiner politischen Orientierung ausgehend interpretieren, erklären und erläutern die Zeitungen ein Tagesereignis, vermitteln Deutungen und Wertungen. Neben den publizistischen Funktionen - Information, Meinungsbildung und Unterhaltung - erfüllen sie noch die Aufgabe der öffentlichen Kritik an den herrschenden Zuständen. Daher werden sie in ihrer Funktion als Meinungsbildende in einem Atemzug mit den Parteien genannt. Im Fall der Bundespräsidentenwahl berichten und kommentieren die *Frankfurter Allgemeine Zeitung* vom Standpunkt der regierenden Union, die *Süddeutsche Zeitung* vom Standpunkt der Oppositionsparteien. Beide berichten aus dem Blickwinkel eines Miterlebenden ausführlich und gründlich über die Wahl und veröffentlichen Leitartikel, um in der gesellschaftspolitischen Diskussion eine meinungsbildende Rolle zu spielen und die Einstellung der Leser zu lenken. Zu der von Merkel geleiteten schwarz-gelb-Koalition äußert die *Frankfurter Allgemeine Zeitung* Mitleid und begründet ihre Entscheidungen und Handlungen aus dem Blick der Union, während die *Süddeutsche Zeitung* nur harte Kritik und Angriffe übt. Im Vergleich dazu berichten die zwei anderen Zeitungen aus einer anderen Perspektive. *Die Tageszeitung* vertritt die Stellungnahme der Linken, und ihre Berichterstattung fokussiert zur Hälfte auf das Verhalten der Linkspartei bei der Wahl. *Die Zeit* berichtet und schreibt wie ein Außenseiter des Zeitgeschehens und eher wie ein kritischer Beobachter, der zu keiner Partei gehört.

Die Interpretationen der obengenannten Zeitungen zur Bedeutung der Wahl für das Land, die Koalition und die Parteien sind unterschiedlich. Ihre Darstellungen und Analysen von Entscheidungen und Verhalten der Parteien sind tendenziös gefärbt. Das zeigt einerseits die Vielfältigkeiten der Meinungen bzw. Stellungnahmen der Zeitungen und die Pressefreiheit Deutschlands. Andererseits lässt sich anhand dieses Beispiels in die Kämpfe zwischen verschiedenen politischen Strömungen und Wertorientierungen in der deutschen Gesellschaft blicken. Es zeigt auch, dass die Beziehung zwischen Regierung, Parteien und Presse kompliziert ist. Der Einfluss der Presse auf das gesellschaftliche Leben lässt sich nicht übersehen.

Im Übrigen enthalten die Informationstexte in den heutigen Zeitungen, besonders Meldung und Nachricht, die konventionell als sachliche Wiedergabe eines Geschehens gelten und nüchterne sprachliche Gestaltung haben sollten, oft bewertende Elemente, besonders in Texttiteln. Das widerspricht den Textnormen und weicht von den nachrichtlichen Vorschriften wie Neutralität, Objektivität und Unparteilichkeit ab. Aber wie gesagt, der Text ist eingebettet in einer kulturellen und gesellschaftlichen Kommunikationssituation. Das spiegelt den Bedarf der heutigen Zeitungen wider, in der heftigen Konkurrenz mit anderen Medien wie Zeitschrift, Fernsehen, Radio und Internet, mit hervorstechenden Stellungnahmen die Leser anzulocken. Diese Erscheinung kann man aus der Perspektive der Textlinguistik weitergehend untersuchen.

Bibliographie:

Die Tageszeitung, 01. 07. 2010

Die Zeit, 01. 07. 2010

Frankfurter Allgemeine Zeitung, 01. 07. 2010

Heinemann, Margot, Heinemann, Wolfgang: Grundlagen der Textlinguistik. Tübingen 2002

Heinz-Helmut, Lüger: Pressesprache. Tübingen 1995

Hoppe, Anja Maria: Glossenschreiben. Ein Handbuch für Journalisten. Wiesbaden 2000

Koszyk, Kurt, Pruys, Karl H. (Hrsg.): Wörterbuch zur Publizistik. München 1969/1976

Süddeutsche Zeitung, 01. 07. 2010

Zhongxin WANG – Beijing Foreign Studies University, Peking

Umgang mit Stereotypen in *Studienweg Deutsch*

1. Fragestellung und Zielsetzung

Das chinesische DaF-Lehrwerk *Studienweg Deutsch* ist im neuen Jahrhundert vor dem Hintergrund der weltweiten Multipolarisierung und Globalisierung, der engen deutsch-chinesischen Beziehungen und des wachsenden Austauschs zwischen dem deutschen und chinesischen Fachkreis entstanden. Angesichts dieser politischen, gesellschaftlichen und fachlichen Entwicklung hat dieses Lehrwerk die Förderung der interkulturellen Kompetenz in seine Konzeption einbezogen und als eine seiner Zielsetzungen formuliert. Daher stellt sich die Frage, ob und inwieweit die Förderung der interkulturellen Kompetenz mit diesem Lehrwerk möglich ist.

2. Theoretische Grundlage und Vorgehensweise

Stereotyp bildet seit den 1980er Jahren in der interkulturellen Kommunikationsforschung ein Kernwort. Die Entstehung von Stereotypen resultiert aus dem Widerspruch zwischen der kompletten und komplizierten Außenwelt einerseits und unserer beschränkten Wahrnehmungskapazität andererseits. Daher sind Stereotype der Kognitionspsychologie gemäß ein unabdingbarer Bestandteil unseres Informationsverarbeitungsprozesses. [1] Sie entstehen zwangsläufig und liefern keinesfalls Beweise für persönliche Mängel. [2] Durch

---

[1] Vgl. Hofstätter, Peter R.: Das Denken in Stereotypen. Göttingen 1960, S. 34; Löschmann, Martin: Stereotype, Stereotype und kein Ende. In: Löschmann, Martin / Stroinska, Madga (Hrsg.): Stereotype im Fremdsprachenunterricht. Frankfurt am Main; Berlin; Bern; New York; Paris; Wien 1998, S. 7-34, hier 14.
[2] Vgl. Heringer, Hans Jürgen: Interkulturelle Kommunikation. Tübingen und Basel 2004,

Stereotype wird die Außenwelt jedoch nicht in ihrer Ganzheit und ihren Einzelheiten wahrgenommen, sondern sie wird reduziert, verallgemeinert, abstrahiert und verfestigt. Demnach bilden Stereotype Hindernisse für das erfolgreiche Fremdverstehen. Ethnische Stereotype zu erkennen und ihnen gegebenenfalls entgegenzuwirken, erweist sich als eine notwendige Fähigkeit, sich der eigenen subjektiven Betrachtungsweise bewusst zu werden, sie zu reflektieren und durch die Koordinierung der Außen- und Innenperspektive eine fremde Kultur zu verstehen.[3]

Dem heutigen wissenschaftlichen Erkenntniszustand zufolge können die negativen Auswirkungen der Stereotype durch folgende destereotypisierende Prozesse in Zaum gehalten werden:

- Reflexion: Das Fremde und das Eigene befinden sich in einer engen Wechselbeziehung und werden im Verhältnis zueinander konstruiert. Demnach können wir das Fremde nicht kennen und verstehen, wenn wir nicht über das Eigene reflektieren. Reflexion bedeutet in diesem Zusammenhang, dass man sich seines Wahrnehmungsprozesses bewusst wird und die Charakteristika der Stereotype erkennt.

- Konkretisierung: Da abstrahierende Prozesse zur Stereotypisierung führen, sollten wir eine Kultur, wenn wir sie zu beschreiben versuchen, nicht gleich mit „Dimensionen" oder „Standards" etikettieren. Vielmehr sollen wir uns an konkreten Kommunikationssituationen orientieren und das Fremde durch seine einzelnen Erscheinungsbilder festhalten.

- Differenzierung: Stereotype sind Übergeneralisierungen, in denen die Binnenvarianzen übersehen werden. Aber die fremden Kulturen sind keinesfalls homogen, ganz im

---

S.200.
[3] Vgl. Volkmann, Laurenz: Kriterien und Normen bei der Evaluation von Lehrwerken. In: Vogel, Klaus/ Börner, Wolfgang (Hrsg.): Lehrwerke im Fremdsprachenunterricht: Lernbezogene, interkulturelle und mediale Aspekte. Bochum 1999, S. 117-144, hier S.121.

Gegenteil zeigen sie sich in der großen Mannigfaltigkeit. Um Stereotypen entgegen-zutreten, sollten wir eine Kultur in ihrer großen Vielfalt kennenlernen.[4]

- Erläuterung: Nach dem Eisbergmodell sollte man bei der Erkundung einer fremden Kultur sowohl die Oberfläche als auch die Tiefenstruktur der Kultur kennen lernen, um zu vermeiden, dass kulturelle Phänomene ohne Berücksichtigung ihrer Zeit-, Orts- und Menschenbezogenheit für allgemeingültig gehalten und übergeneralisiert werden.
- Dynamisierung: Das Fremde befindet sich in einem ständigen Entwicklungsprozess. Stereotype sind nur beschränkt gültig, weil sie starr und unbeweglich sind. Darum sollten wir sie durch die ständige Aktualisierung unserer Kenntnisse relativieren, um das Fremde erfolgreich zu verstehen.

Die vorliegende Lehrwerkanalyse fokussiert den Umgang mit Stereotypen in *Studienweg Deutsch*. Es wird danach gefragt, ob stereotypisierende Prozesse oder destereotypisierende Prozesse bei der Darstellung des Fremden erkennbar sind.

3. Umgang mit Stereotypen in *Studienweg Deutsch*

3.1 Destereotypisierende Prozesse

In *Studienweg Deutsch* werden Stereotype bewusst durch folgende Prozesse relativiert:

3.1.1 Reflexion

Stereotype werden – vor allem durch die Hauptlektion „Wir und die Anderen" – direkt thematisiert.[5]

In „Mit den Augen der Anderen" sind zwei kurze Texte enthalten,[6] die sich mit dem Fremdbild auseinandersetzen. Der erste Text „Was halten Chinesen von Deutschland? Ein

---

[4] Vgl. Bolten, Jürgen: Interkulturelle Kompetenz. Erfurt 2007, S. 35; Bredella, Lothar: Ist das Verstehen fremder Kulturen wünschenswert? In: Bredella, Lothar/ Christ, Herbert (Hrsg.): Zugänge zum Fremden. Gießen 1993, S. 11-36, hier S. 34.
[5] Nerlich, Michael/Liang, Min: Studienweg Deutsch 4. Kursbuch, Beijing 2009, S. 275ff.
[6] A.a.O., S. 277ff.

Shanghaier Germanist hat es untersucht" ist ein Interview mit einem chinesischen Germanisten über das chinesische Deutschlandbild.[7] Als Vorübungen werden zuerst drei Brainstorming-Fragen gestellt:

„1. Was fällt Ihnen spontan zu Deutschland ein? Woran denken Sie zuerst, woran danach? Füllen Sie die Liste in der Reihenfolge Ihrer Einfälle.

2. Vergleichen Sie Ihre Listen und diskutieren Sie: Warum sind manche Begriffe für Sie besonders eng mit Deutschland verbunden? Welche Rolle spielt dabei Ihr Germanistikstudium, welchen Einfluss hat die Presse auf Ihr Deutschlandbild, was wissen Sie aus persönlicher Erfahrung?

3. Was verbinden wahrscheinlich sehr viele Chinesen mit Deutschland? Was davon hat relativ objektive Fakten als Basis, was sind eher Vorurteile und Klischees?"[8]

Bei Frage 1 geht es darum, die eigenen Stereotype über Deutschland herauszufinden und sie der Intensität nach zu ordnen. Bei Frage 2 werden die Studierenden auf die Einflussfaktoren für die Entstehung von Stereotypen hingewiesen, wobei insbesondere dem Germanistik-studium, der Presse und der persönlichen Erfahrung Rechnung getragen wird. Und Frage 3 fordert die Studierenden auf, ihre eigenen Stereotype auf den Wahrheitsgehalt zu prüfen.

Nachdem diese drei Fragen diskutiert worden sind, lesen die Studierenden das Interview.[9] In diesem Interview werden einerseits ein paar chinesische Stereotype über Deutschland und die Deutschen genannt, andererseits – was meiner Meinung nach wichtiger ist – werden die Studierenden auf die beschränkte Gültigkeit der Stereotype aufmerksam gemacht. Erstens gibt der Interviewte zweimal zu, dass die von ihm genannten Punkte in der Tat Verallgemei-nerungen sind. Und zweitens wird im letzten Absatz die Abhängigkeit der Stereotype von ihrer Umgebung verdeutlicht.

---

[7] A.a.O., S. 277f.
[8] A.a.O., S. 277
[9] A.a.O., S. 277f.

138

Nach dem Interview sollen die Studenten weiterhin die folgenden Aufgaben lösen:

„Kommt der Wissenschaftler zu anderen Ergebnissen als Sie in Ihren Brainstorming-Listen? Der Interviewte schränkt das Ergebnis seiner Untersuchungen an drei Stellen ein. Wo liegen die Grenzen solcher Studien?"[10]

„Untersuchen Sie die aktuelle Deutschland- bzw. China-Berichterstattung in den deutschen und chinesischen Medien. Lesen Sie Überschriften, lesen Sie Artikel an oder kursorisch, analysieren Sie wichtige Kommentare".[11]

Bei der ersten Aufgabe sollten die Studierenden die eigenen Stereotype über Deutschland und die Deutschen mit denen im Interview vergleichen, wobei die beschränkte Gültigkeit der Stereotype explizit thematisiert wird. Bei der zweiten Aufgabe, nämlich der eigenen Recherche, sollten die Heterostereotype der Deutschen bzw. der Chinesen gegenüber dem Partner aus den aktuellen Medien gesammelt werden. Das ist meines Erachtens sinnvoll, weil die Studierenden durch die eigene Recherche der Veränderlichkeit oder der Veränderungsresistenz der Stereotype gewahr werden können.

Der zweite Text „ ‚China verstehen' aus westlicher Sicht" übernimmt vereinfacht einige Gedanken aus dem Buch *Chinesen verstehen lernen* von Margrith Lin-Huber und bezieht sich auf das deutsche Chinabild.[12] Ähnlich wie beim ersten Text werden zunächst Fragen zur Vorübung gestellt:

„Ü5/1 Überlegen Sie zunächst selbst: Was könnte einem Deutschen an chinesischen Verhaltensweisen besonders fremd vorkommen? In welcher Hinsicht sollte er sich anpassen, in welcher Hinsicht besser nicht? Denken Sie an Redeweise, Umgangsformen und Auftreten in der Öffentlichkeit und notieren Sie Stichwörter".[13]

---

[10] A.a.O., S. 278.
[11] A.a.O., S. 278.
[12] A.a.O., S. 279ff.
[13] A.a.O., S. 279.

Mit diesen Fragen sollten sich die Studierenden Gedanken über das Metabild machen, d. h. sie stellen sich vor, wie Deutsche über ihre Verhaltensweise denken könnten. Allerdings geht es hier nicht um die Verifizierung oder Falsifizierung ihrer Vermutungen, sondern im Mittelpunkt stehen die Auswirkungen des Fremdbildes. Das deutsche Bild über die chinesische Verhaltensweise könnte zur Anpassung der Deutschen an dieses Bild führen.

Nach dieser Diskussion lesen die Studierenden den Text.[14] In diesem Text kommt als erstes ein deutscher Stereotyp gegenüber der chinesischen Verhaltensweise zur Erscheinung: Chinesen legen bei der Kommunikation viel Wert auf die Gesichtswahrung und Gesichtsgebung, um die soziale Harmonie herzustellen. Aus diesem Grund pflegen sich Chinesen vorsichtig und indirekt zu äußern. Im Anschluss daran wird diese chinesische Verhaltensweise aus der deutschen Perspektive interpretiert, wobei die chinesische Indirektheit infrage gestellt wird. Danach wird auf die Auswirkungen des Stereotyps eingegangen: Die mögliche Überanpassung an den bestehenden Stereotyp könnte Probleme mit sich bringen. Schließlich weist der Text darauf hin, dass sich Menschen aus verschiedenen Bildungs- und Gesellschaftsschichten, der Lebensumgebung und -periode stärker unterscheiden können als aus verschiedenen Kulturen.

Neben Verständnisfragen wird im darauf folgenden Übungsteil eine Frage zur Stellungnahme gestellt:„Haben Sie durch den Text interessante Hinweise auf die Kommunikation mit Deutschen bekommen? Werden Sie Ihren Kommunikationsstil ändern?"[15]

Durch diese Frage sollten sich die Studierenden im Klaren sein, erstens, dass einige zu persönlich wirkende Fragen wie z.B. zu Alter, Beruf, Familienstand, Kinder, Krankheit und Geldangelegenheiten in der Kommunikation mit Deutschen unangemessen sind, und zweitens, dass eine Überanpassung an die angenommene Verhaltensweise des Gegenübers zu Problemen führen kann.

---

[14] A.a.O., S. 279ff.
[15] A.a.O., S. 281.

140

Neben diesen beiden kurzen Texten machen in diesem Lehrwerk übrigens Liu Yangs Piktogramme die Heterostereotype jeweils von Deutschen und Chinesen in einer übertriebenen Weise zum Thema.[16] Die betroffenen Stereotype sind:

- Die Deutschen sind pünktlich, die Chinesen unpünktlich;
- 1970 fuhren die Deutschen Auto und die Chinesen Rad, 2006 leisten sich die Chinesen Autos und die Deutschen bevorzugen Fahrräder;
- Die Deutschen essen nur mittags eine warme Mahlzeit, die Chinesen dreimal am Tag;
- Die Deutschen reden im Restaurant sehr leise, die Chinesen sehr laut;
- Am Sonntag sind die deutschen Straßen leer, die chinesischen Straßen besonders voll;
- Auf deutschen Partys bilden Gäste kleinere Gruppen oder bleiben allein, die Chinesen feiern als ganze Gruppe;
- In deutschen Familien ist das Kind ein Familienmitglied unter anderen, in chinesischen Familien steht das Kind im Mittelpunkt;
- Die Deutschen gehen direkt auf Probleme ein, die Chinesen gehen Problemen aus dem Weg;
- Die Deutschen äußern ihre Meinung direkt, die Chinesen durch Umwege;
- In den Augen der Deutschen ist ein typischer Chinese ein Mann mit einem Strohhut, der Tee trinkt und Reis isst. In den Augen der Chinesen ist ein typischer Deutscher ein Mann mit einem Herrenhut mit Feder, der Wurst isst und Bier trinkt[17].

In den Übungen zu den Piktogrammen wird zum einen verdeutlicht, dass diese Plakate als ein ironisches Spiel mit Klischeevorstellungen und Vorurteilen zu verstehen sind:

„Plakate sind plakativ, d. h. sie wollen Aufmerksamkeit erregen, vereinfachen ein Thema und übertreiben.

1. Erklären Sie die Situationen auf den Plakaten von Yang Liu. Wo stellt die Künstlerin Realität dar, wo übertreibt sie? – Oder sind ihre Plakate nur ein ironisches

---

[16] A.a.O., S. 282.
[17] Diese Stereotype sind von der Verfasserin nach Liu Yangs Plakaten formuliert worden.

Spiel mit Klischeevorstellungen und Vorurteilen in westlichen und chinesischen Köpfen?"[18]

Zum anderen wird auf den verallgemeinernden Charakter der Stereotype aufmerksam gemacht:

"Yang Liu sagte in einem Interview zu ihren Plakaten: „Zwei Menschen unterscheiden sich viel stärker als zwei Völker". Aber hat sie auf ihren Plakaten nicht gerade die Unterschiede zwischen ‚den Deutschen' und ‚den Chinesen' dargestellt? Nehmen Sie zu ihrer Aussage und den Plakaten kritisch Stellung".[19]

Die Künstlerin ging ursprünglich davon aus, dass sich zwei Einzelpersonen stärker voneinander unterscheiden als zwei Völker. Darum wollte sie eigentlich keine Verallgemeinerungen machen, bei denen die zwischenmenschlichen Differenzen übersehen werden. Aber mit ihren Plakaten erreichte sie leider genau das Gegenteil, weil sie damit von „den Deutschen" und „den Chinesen" ausging und Klischeevorstellungen verstärkte. Aus diesem Grund werden die Studierenden hier zu einer kritischen Reflexion dieser Stereotype aufgerufen.

3.1.2 Differenzierung

Eine differenzierende Betrachtungsweise lässt sich in diesem Lehrwerk erstens daran erkennen, dass bestimmte übliche Stereotype über Deutschland und die Deutschen bewusst infrage gestellt werden. Beispielsweise gibt es in „Thomas und die Pünktlichkeit" einen unpünktlichen deutschen Jungen Thomas.[20] In „Stille Nacht bei Müllers" wird am Heiligen Abend in einer deutschen Familie nicht „Stille Nacht" aufgelegt, sondern „Jingle Bells".[21] In „Ordnung muss sein?" wird die deutsche Ordnung in übertriebener Weise ironisch dargestellt

---

[18] A.a.O., S. 281.
[19] A.a.O., S. 282.
[20] Liang, Min/Nerlich, Michael: Studienweg Deutsch 1. Kursbuch, Beijing 2004, S. 107f.
[21] A.a.O., S. 294f.

und kritisiert.[22] In „Die Weihnachtslegende" wird darauf hingewiesen, dass Jesus nur für die Christen Gottes Sohn,[23] für die Juden und die Moslems allerdings ein Prophet ist. In „Nicht immer geht die Liebe durch den Magen" wird die deutsche Weisheit über Essgewohnheiten herausgefordert.[24] Obwohl man laut der alten Weisheit wie ein Prinz frühstücken, wie ein Bürger zu Mittag essen und wie ein Bettler zu Abend essen sollte, kann und mag Maria morgens nichts essen und trinkt nur eine Tasse Kaffee, während Max abends immer warm und viel isst. Und in „So ein Theater" ist der eben unpünktliche Thomas diesmal auch noch unordentlich.[25]

Zweitens wird die differenzierende Betrachtung des Fremden durch zwei Erzählungen implizit thematisiert. In „Damals" von Hans Magnus Enzensberger verließ der Ich-Erzähler in den 1950er Jahren die Bundesrepublik Deutschland und zog in ein Dorf Norwegens.[26] Er besuchte regelmäßig ein Café, ohne Kontakte mit den Dorfbewohnern aufzunehmen. Nach zwei Monaten fragte ihn der Postbote, wann er geboren sei. Als die Leute erfuhren, dass er erst 1929 geboren war, wurden sie freundlich zu ihm. Einmal kamen zwei deutsche Männer in das Café, die sich über den Krieg unterhielten. Der eine war 1941 als Offizier in Norwegen und hielt es für die schönste Zeit seines Lebens. Alle anwesenden Norweger und auch der Ich-Erzähler wandten sich von ihm ab und verließen das Café.

„Ach! Sie sind ein Deutscher?" von Uwe Johnson spielte sich 1975 in der kleinen englischen Stadt Sheerness-on-Sea,[27] ab, die vor 30 Jahren von Deutschen bombardiert wurde. Ein deutscher Tourist besuchte diese Stadt und wollte nicht als Deutscher erkannt werden. Obwohl er im Krieg noch ein Kind war und keine Schuld daran hatte, fürchtete er , dass ihn die Leute dort als Feind betrachten würden. Plötzlich sprach ihn eine einheimische Frau an, weil sie ihn mit ihrem Jugendfreund verwechselte. Sie glaubte, ihren im Krieg verlorenen

---

[22] A.a.O., S. 249f.
[23] A.a.O., S. 291f.
[24] A.a.O., S. 171f.
[25] A.a.O., S. 268.
[26] Nerlich/Liang: Studienweg Deutsch 4 (Anm. 5), S. 283ff.
[27] A.a.O., S. 141ff.

Freund wieder gefunden zu haben. Als sie ihres Fehlers gewahr wurde, war es ihr sehr peinlich. Sie entschuldigte sich und hieß den deutschen Touristen in England willkommen.

In beiden Erzählungen muss ein Deutscher im europäischen Ausland die deutsche Geschichte, den vom nationalsozialistischen Deutschland begonnenen Zweiten Weltkrieg, bewältigen. Bei Enzensberger ist es Norwegen, das von den Deutschen besetzt wurde und bei Johnson England, das von Deutschen bombardiert wurde. Allerdings geben die Menschen dort dem Ich-Erzähler keine persönliche Schuld an dem Krieg und können die einzelnen deutschen Menschen getrennt von ihrem früheren kollektiven Bild differenziert betrachten.

Drittens werden viele Themenbereiche in *Studienweg Deutsch* multiperspektivisch bearbeitet:

- Zum Thema „Einkaufen" werden verschiedene Orte, wo man einkaufen kann, durch authentische Bildmaterialien gezeigt. Die diesbezüglichen Dialoge handeln jeweils vom Einkaufen im Supermarkt und auf dem Gemüsemarkt.[28]
- Zum Thema „Essen" werden Szenen jeweils in der Mensa (ebd.: 173f.) und im Restaurant dargeboten.[29]
- Zum Thema „Wohnen" werden in „So wohnen wir" unterschiedliche Wohnverhältnisse der deutschen Studenten gezeigt:[30] Apartment in einem Studentenwohnheim, Wohngemeinschaft, Zweizimmerwohnung oder Wohnen bei den Eltern.
- In Bezug auf die Traumberufe der deutschen Kinder und Jugendlichen wird klar gemacht: „Model oder Polizistin, Lkw-Fahrer oder Astronaut, die Traumjobs deutscher Kinder und Jugendlicher liegen weit auseinander".[31]
- Bezüglich der Lebensformen bieten sich in Deutschland unterschiedliche Meinungen.[32]

---

[28] Liang/Nerlich: Studienweg Deutsch 1 (Anm. 20), S. 153f.
[29] A.a.O., S. 176f.
[30] A.a.O., S. 246.
[31] Nerlich, Michael/Liang, Min: Studienweg Deutsch 2. Kursbuch, Beijing 2006, S. 125.
[32] A.a.O., S. 169.

Viertens macht die differenzierende Betrachtungsweise nicht bei der Bekämpfung der kulturbezogenen Stereotype halt. Auch geschlechtsbezogenen Stereotype werden zum Thema gemacht. In „Vorsichtige Frauen, wichtige Männer" werden „der weibliche Stil" und „der männliche Stil" bei der Kommunikation allgemein bezweifelt:[33]

„Man sollte vielleicht nicht von ‚dem weiblichen Stil' und ‚dem männlichen Stil' sprechen. es geht um das soziale und sprachliche Verhalten von unterschiedlichen Menschentypen. Aber zum einen Typ gehören eben mehr Frauen, zum anderen mehr Männer. Das liegt sicher auch an der unterschiedlichen Erziehung von Jungen und Mädchen".[34]

3.1.3 Konkretisierung

Die Konkretisierung kommt in *Studienweg Deutsch* dadurch zur Anwendung, dass verallgemeinernde Beschreibungen weitgehend unterlassen werden. Zum Thema „Höflichkeit" wird im Lehrwerk nicht Bezug auf „die Chinesen" oder „die Deutschen" genommen. Im Gegensatz dazu wird aus den zwei Kulturen jeweils eine Kommunikationsszene ausgesucht. Der Text „Typisch Thomas" ist ein gutes Beispiel.[35] Dieser Text ist meines Erachtens nicht deswegen interessant, weil die Stereotype über die Deutschen wie Pünktlichkeit und Ordentlichkeit durch das Gegenbeispiel Thomas relativiert werden. In zwei Texten aus dem ersten Band dieses Lehrwerks ist dieser Schritt bereits getan worden.[36] Dass die beiden Stereotype in diesem Text noch einmal aufgegriffen werden, zielt meiner Meinung nach darauf hin, das Fremde durch konkrete Kommunikationssituationen zu beschreiben und zugleich gegen die verallgemeinernde Abstraktion zu kämpfen. In diesem Text werden die „typisch chinesischen" und die „typisch deutschen" Tugenden thematisiert und ihre Gültigkeit wird bezweifelt. Es wird auch explizit darauf hingewiesen, dass aus den einzelnen Fällen wie Yang Fang und Thomas nicht auf die „typisch chinesischen" oder die „typisch deutschen" Eigenschaften zu schließen ist. Bei der

---

[33] Liang, Min/Nerlich, Michael: Studienweg Deutsch 3. Kursbuch, Beijing 2006, S. 202.
[34] A.a.O., S. 202.
[35] Nerlich/Liang: Studienweg Deutsch 2 (Anm. 31), S. 239f.
[36] Vgl. Liang/Nerlich: Studienweg Deutsch 1 (Anm. 20), S. 107f.; 268.

Fremdheitswahrnehmung sollte man möglichst auf den Abstraktionsprozess verzichten, um Übergeneralisierungen zu vermeiden. Thomas kann nicht das ganze deutsche Volk vertreten, dasselbe gilt für Yang Fang. Daher ergeben sich aus konkreten Kommunikationssituationen vielmehr die „typisch Thomasschen" und „typisch Yangfangschen" Eigenschaften als die „typisch deutschen" und „typisch chinesischen".

3.1.4 Dynamisierung

Die dynamisierende Betrachtungsweise impliziert, dass man das Fremde nicht als einen statischen Zustand, sondern als einen dynamischen Prozess betrachten soll. Sie tritt in *Studienweg Deutsch* beispielsweise darin in Erscheinung, dass historischen Veränderungen bei der Darstellung eines gesellschaftlichen Aspekts Rechnung getragen wird.

Bezüglich der Traumberufe der deutschen Kinder und Jugendlichen werden traditionelle Männer- und Frauenberufe den aktuellen gegenübergestellt. [37] Die klischeehafte Berufsvorstellung – „Jungen träumen von Helden, Mädchen vom Helfen" – wurde zwar zum Teil beibehalten, aber die heutigen Mädchen schenken auch Imageberufen wie Model, Sängerin und Stewardess viel Aufmerksamkeit.

Zum Thema „Wertevorstellung" der Deutschen werden die verschiedenen Generationen in der Bundesrepublik Deutschland nach dem Zweiten Weltkrieg charakterisiert. [38] Während in den 1950er Jahren Wert auf den Wiederaufbau und das Wirtschaftswunder, in den 1960er Jahren auf die Anti-Haltung, in den darauffolgenden Jahrzehnten auf den Umweltschutz, den Protest oder die Lustlosigkeit gelegt wurde, zeichnet sich im neuen Jahrhundert wieder die Tendenz zurück zur Tradition ab.

---

[37] Nerlich/Liang: Studienweg Deutsch 2 (Anm. 31), S. 125.
[38] Nerlich/Liang: Studienweg Deutsch 4 (Anm. 6), S. 5f.

146

Auch die Einbeziehung der neuen Medien wie das Internet fördert das dynamische Denken der Studierenden. An zahlreichen Stellen wird auf Internetseiten hingewiesen. [39] Die Studierenden werden aufgefordert, weitere aktuelle Informationen zum Thema zu sammeln, um auf dem Laufenden zu bleiben.

3.2 Stereotypisierung

Gleichzeitig sind in *Studienweg Deutsch* stereotypisierende Tendenzen vertreten. Allerdings ist hier meines Erachtens zwischen der bewussten Anwendung von Stereotypen als Orientierungshilfe und der unbewussten Stereotypisierung zu unterscheiden.

Neben systematischen Bemühungen zur Relativierung der Stereotype sind in diesem Lehrwerk zugleich folgende normende Beschreibungen vorhanden:

- In Deutschland handelt man beim Einkaufen nicht.[40]
- Fleisch und Wurst kaufen Deutsche beim Fleischer, Brot beim Bäcker. Obst und Gemüse kaufen sie mittwochs und samstags auf dem Markt.[41]
- Das richtige Verständnis von der Höflichkeit unter Deutschen.[42]
- Regeln beim Trinkgeld.[43]

Im Folgenden wird das Trinkgeld als Beispiel genommen:

„In einem Restaurant, einem Café oder in einer Bar gibt man in Europa der Bedienung meistens ein Trinkgeld von mindestens 5% der Rechnung.

Man rundet auf und sagt ‚Stimmt so' oder ‚Der Rest ist für Sie'. Oder man sagt den Betrag, den man bezahlen will, z. B. ‚17 Euro', wenn auf der Rechnung 16 Euro steht und man mit einem 20 Euroschein bezahlt. Oft sagt man aber gar nichts und

---

[39] Vgl. Nerlich/Liang: Studienweg Deutsch 2 (Anm. 31), S. 7; 9; 126; 192; 241; 264 u.v.a.
[40] Liang/Nerlich: Studienweg Deutsch 1 (Anm. 20), S. 149.
[41] A.a.O., S. 151.
[42] Nerlich/Liang: Studienweg Deutsch 2 (Anm. 31), S. 233f.
[43] Liang/Nerlich: Studienweg Deutsch 1 (Anm. 20), S. 177.

lässt das Trinkgeld auf dem Tisch liegen. Das macht man immer so, wenn man mit Karte bezahlt.

In der Mensa, der Werkskantine, einem Fastfood-Restaurant mit Selbstbedienung und am Imbissstand gibt man kein Trinkgeld".[44]

Auf der einen Seite fällt bei dieser Vorstellung auf, dass eine Generalisierung vermieden wird, indem zwischen verschiedenen Kommunikationssituationen unterschieden wird. Während man in einem Restaurant, einem Café oder in einer Bar in der Regel Trinkgeld gibt, ist das Trinkgeld in der Mensa, der Werkskantine oder einem Fastfood-Restaurant nicht nötig. Aber auf der anderen Seite wirkt diese Vorstellung normend, weil Regeln vorgegeben werden, die man in deutschen Kommunikationssituationen befolgen sollte. Bei den anderen Beispielen handelt es sich um dasselbe.

Vor diesem Hintergrund stellt sich die Frage, ob solche normenden Beschreibungen zur Stereotypisierung führen. Meine Antwort ist ja, weil damit ein Rahmen für das menschliche Verhalten gegeben wird, innerhalb dessen man sich bewegen sollte. Wenn dieser Rahmen als Regel betrachtet wird und man sich beim Verhalten daran orientieren soll, verliert er zwangläufig an Beweglichkeit und Dynamik. Allerdings schließt sich hier gleich eine andere Frage daran an, ob solche Stereotypisierungen notwendig sind bzw. ob sie für chinesische Studierende notwendig sind. Meiner Meinung nach sind sie gerade für diese Lernergruppe unabdingbar. Der Berliner Didaktik zufolge sollten die Lehrenden bei der Konzipierung ihres Unterrichts immer die anthropogenen und soziokulturellen Voraussetzungen ihrer Lernergruppe im Blick behalten.[45] Die chinesischen Germanistik-/Deutschstudenten lernen die deutsche Sprache außerhalb des deutschsprachigen Raums. Es fehlt ihnen an authentischer Umgebung der Zielsprache und -kultur. Die meisten unter ihnen haben keine Auslandserfahrungen. Auch wenn sie das Ausland bzw. Deutschland durch Massenmedien

---

[44] A.a.O., S. 177.
[45] Vgl. Hess, Hans Werner: DaF und die „Berliner Didaktik". In: Hess, Hans Werner (Hrsg.): Didaktische Reflexionen. Berliner Didaktik und Deutsch als Fremdsprache heute. Tübingen 2004, S. 9-20, hier S. 13.

kennen gelernt haben, können sie sich die Realität dort nicht richtig vorstellen. Insbesondere fehlen ihnen die Erfahrungen der zwischenmenschlichen Kommunikationen mit Leuten aus der Zielkultur. Aus diesem Grund sind landeskundliche Kenntnisse für sie unbedingt notwendig, um sich später in der Zielkultur überhaupt zu orientieren. Diese landeskundlichen Kenntnisse sollten meines Erachtens nicht nur Daten und Fakten über das Land umfassen, sondern auch die üblichen Normen in der zwischenmenschlichen Kommunikation. Diese Normen, auch wenn sie nicht überall gelten oder im Laufe der Zeit an Aktualität verlieren können, geben den chinesischen Studierenden, die die Zielkultur nie mit eigenen Augen gesehen und mit Muttersprachlern kaum direkt kommuniziert haben, die erste Orientierungshilfe in der Zielkultur. Dadurch gewinnen sie auch das Selbstbewusstsein und Sicherheit in der direkten Kommunikation mit Muttersprachlern. Daher sehe ich in solchen Normen, die in diesem Lehrwerk eingesetzt werden, keine stereotypisierende Tendenzen, die den Lehrwerkautoren unterlaufen sind, sondern eine bewusste Anwendung der Stereotype.

5. Fazit

Insgesamt hat sich *Studienweg Deutsch* bewusst und strategisch mit Stereotypen auseinander gesetzt. Einerseits sind sich die Autoren der Funktionsmechanismen und der negativen Auswirkungen der Stereotype bewusst, und sie haben auch durch destereotypisierende Prozesse wie Selbstreflexion, Differenzierung, Konkretisierung und Dynamisierung gegen Stereotypisierungen gekämpft. Aber andererseits scheuen sie sich nicht vor Stereotypen, sind Stereotypen gegenüber dagegen aktiv und optimistisch eingestellt. Sie wenden Stereotype als Orientierungshilfe für die chinesischen Studierenden an, damit diese mit der Zielsprachenkultur überhaupt etwas anfangen können. Außerdem bemühen sich die Autoren, durch die systematische Auseinandersetzung mit Stereotypen bei den Studierenden die „richtige" Einstellung gegenüber Stereotypen heranzubilden. Mit der Bewusstmachung werden die Studierenden dazu befähigt, bei der Anwendung von Stereotypen deren Gültigkeit bewusst einzuschränken. Durch diese Bemühungen haben die Lehrwerkautoren von *Studienweg Deutsch* deutlich gemacht, dass man im Fremdsprachenunterricht nicht unbedingt zwischen „mit Stereotypen" oder „ohne Stereotype" wählen muss, sondern man kann einen

Ausgleich zwischen den beiden herstellen. Wenn die Studierenden in der Lage sind, mit Stereotypen richtig umzugehen, sind Stereotype weder störend noch beeinträchtigend für das Verstehen der Zielkultur. Ganz im Gegenteil – sie sind notwendig und fruchtbar. Aus diesen Gründen kann dieses Lehrwerk meines Erachtens den Lernenden eine richtige Einstellung gegenüber Stereotypen beibringen und dadurch zur Förderung der interkulturellen Kompetenz beitragen.

Bibliographie:

Liang, Min/Nerlich, Michael: Studienweg Deutsch 1. Kursbuch, Beijing 2004

Nerlich, Michael/Liang, Min: Studienweg Deutsch 2. Kursbuch, Beijing 2006

Liang, Min/Nerlich, Michael: Studienweg Deutsch 3. Kursbuch, Beijing 2006

Nerlich, Michael/Liang, Min: Studienweg Deutsch 4. Kursbuch, Beijing 2009

Bolten, Jürgen: Interkulturelle Kompetenz. Erfurt 2007

Bredella, Lothar: Ist das Verstehen fremder Kulturen wünschenswert? In: Bredella, Lothar/Christ, Herbert: Zugänge zum Fremden. Gießen 1993, S. 11-36

Hess, Hans Werner: DaF und die „Berliner Didaktik". In: Hess, Hans Werner (Hrsg.): Didaktische Reflexionen. Berliner Didaktik und Deutsch als Fremdsprache heute. Tübingen 2004, S. 9-20

Heringer, Hans Jürgen: Interkulturelle Kommunikation. Tübingen und Basel 2004

Hofstätter, Peter R.: Das Denken in Stereotypen. Göttingen 1960

Löschmann, Martin: Stereotype, Stereotype und kein Ende. In: Löschmann, Martin/Stroinska, Madga (Hrsg.): Stereotype im Fremdsprachenunterricht. Frankfurt am Main; Berlin; Bern; New York; Paris; Wien 1998, S. 7-34

Volkmann, Laurenz: Kriterien und Normen bei der Evaluation von Lehrwerken. In: Vogel, Klaus/Börner, Wolfgang (Hrsg.): Lehrwerke im Fremdsprachenunterricht: Lernbezogene, interkulturelle und mediale Aspekte. Bochum 1999, S. 117-144

Yulu MIAO – Beijinger Fremdsprachenuniversität, Peking

Das Deutschlandbild im DaF-Lehrwerk[1]

1. Einführung

Sprache ist ein Träger der Kultur. Ein Fremdsprachenlerner sammelt beim Fremdsprachen-lernen Eindrücke von dem fremden Land und malt sich im Kopf das Bild des Landes. Andererseits ist es heute ein allgemein anerkanntes Ziel in der Fremdsprachenlehre, im Fremdsprachenunterricht die fremde Kultur einzuführen, vorzustellen und die interkulturelle Kompetenz der Lernenden zu entwickeln. Deshalb bemüht sich ein Lehrbuchautor bei der Erstellung eines Lehrwerks nicht nur, fremdsprachliche Kenntnisse zu vermitteln, sondern auch zielbewusst und planmässig Kulturwissen wie z. B. Gebräuche und Sitten, Geschichte und Geographie des Landes darzustellen. Aus dem oben genannten Grund ist in einem fremdsprachlichen Lehrwerk ein Landesbild zu entdecken.

Die vorliegende Arbeit hat das Deutschlandbild in einem DaF-Lehrwerk zum Untersuchungs-gegenstand und versucht, mit Hilfe der Frame- und Script-Theorie das Deutschlandbild in dem DaF-Lehrwerk zu erfassen und damit auf die Frage einzugehen, inwieweit ein fremdsprachliches Lehrwerk zum Landesbild von Fremdsprachenlernern beitragen kann.

2. Definitionen und Eigenschaften des Landesbildes

Der Begriff *Image* (Bild) stammt aus der angloamerikanischen Sozialforschung.[2] Das Image eines Landes bzw. das Landesbild ist ein wichtiges Thema in der Image-Forschung der

[1] Das vorliegende Projekt ist unterstützt durch den Fundamental Research Funds for the Central Universities in China. (Projekt Nummer: 2010XJ009)

Soziologie. In Bezug auf die Definition des Landesbildes sind folgende Darstellungen anzuführen:

„Das Image einer Nation stellt die Gesamtheit aller Attribute dar, die einer Person in den Sinn kommen, wenn sie an diese Nation denkt."[3]

Das Landesbild sind „das ganze Urteil und die gesellschaftliche Bewertung der Öffentlichkeit innerhalb und außerhalb eines Landes über das Land."[4]

„Das Landesbild ist ein Komplex. Es sind alle Urteile und Kenntnisse der Öffentlichkeit innerhalb und außerhalb eines Landes über das Land, das Verhalten, die Handlungen und ihre Ergebnisse des Landes"[5]

„Das Landesbild sind die Kenntnisse und Urteile der Öffentlichkeit innerhalb und außerhalb eines Landes hinsichtlich der Politik, der Wirtschaft, der Gesellschaft, der Kultur, der Geografie des Landes usw. Dabei kann zwischen dem Bild der eigenen Gruppe und dem der fremden Gruppen unterschieden werden. Zwischen den beiden Typen bestehen oft große Differenzen. Das Landesbild hängt grundsätzlich von der gesamten Stärke des Landes ab. Aber es lässt sich nicht einfach mit den konkreten Verhältnissen des Landes gleichsetzen und kann in einem gewissen Grad geformt werden."[6]

Mit einem Wort lässt sich zusammenfassen, dass das Landesbild als Produkt der Konstruktion Kenntnisse und Wissen eines Subjektes über ein Land sind. Diese Kenntnisse und dieses

---

[2] Vgl. Dabrowska, Jorachna: Stereotype und ihr sprachlicher Ausdruck im Polenbild der deutschen Presse. Eine textlinguistische Untersuchung, Tübingen 1999, S. 79
[3] Maletzke, Gerhard: Interkulturelle Kommunikation. Zur Interaktion zwischen Menschen verschiedener Kulturen, Opladen 1996, S.108
[4] Tang Guanghong: Lun guojiaxingxiang, in: Guoji wenti yanjiu, Nr 4, 2004, S.18-23, übersetzt von der Verfasserin.
[5] Guan Wenhu: Guojiaxingxiang lun, Chengdu 2000, S.23, Übersetzt von der Verfasserin.
[6] Sun Youzhong: Guoji zhengzhi xingxiang de neihan ji qi gongneng, in: Guoji luntan, Nr. 3, 2002, S.14-21, übersetzt von der Verfasserin.

Wissen erwirbt sich ein Subjekt hauptsächlich bei der indirekten Wahrnehmung oder durch Sekundärerfahrungen.[7]

Das Landesbild formt sich in der langfristigen und kontinuierlichen Interaktion und steht unter dem Einfluss vieler Faktoren. Dazu gehören Familie, Kirche, Schule, die Gruppe der Gleichaltrigen, die Medien der Massenkommunikation usw.[8] Als subjektive Konstrukte weist es folgende Eigenschaften auf:[9]

(1) Komplexität und Mehrdimensionalität

An den Definitionen des Landesbildes lässt sich erkennen, dass das Landesbild die Gesamtheit der Eindrücke und Kenntnisse über ein Land ist. Als Gesamtheit der Eindrücke und Kenntnisse über ein Land kann das Landesbild als ein System angesehen werden, das sich aus verschiedenen Dimensionen wie z.b. Wirtschaft, Politik, Gesellschaft, Kultur, Geografie, Militär usw. zusammensetzt.

(2) Stabilität und Veränderlichkeit

Das Landesbild ist im Allgemeinen stabil und wird von Generation zu Generation weitergegeben. Andererseits unterliegt es dem Wandel der Gesellschaft. Diese Veränderung erfolgt ganz allmählich und unmerklich. Aber sie kann auch unter Einfluss großer Ereignisse oder durch persönliche Kontakte in kurzer Zeit stattfinden.

(3) Diskrepanz zwischen dem Landesbild der eigenen Gruppe und dem von fremden Gruppen

Anzumerken ist, dass es neben dem Landesbild von fremden Gruppen auch solches der eigenen Gruppe gibt. Das Landesbild der eigenen Gruppe ist ein Selbstbild, während das von

---

[7] Vgl. Merten, Klaus, Westerbarkey, Jochchim: Public Opinion und Public Relations, in: Merten, K., Schmidt, S. J., Weischenberg,S. (Hrsg): Die Wirklichkeit der Medien, Opladen 1994, S.188-211, hier S.206
[8] Vgl. Maletzke, Gerhard: Interkulturelle Kommunikation. Zur Interaktion zwischen Menschen verschiedener Kulturen, Opladan 1996, S.120
[9] Vgl. Zhou Haixia: Das Chinabild in den deutschen Medien, Manuskript der Doktorarbeit an der Beijinger Fremdsprachenuniversität 2012, S.61 -65

fremden Gruppen ein Fremdbild ist. Die Unterschiede zwischen den beiden Typen liegen in der Verschiedenheit zwischen dem Selbstbild und dem Fremdbild. In dieser Hinsicht ist neben den kulturellen Unterschieden bei der Wahrnehmung und der Konstruktion der Realität der Ethnozentrismus zu nennen. Unter dem Einfluss des Ethnozentrismus neigt man dazu, die eigenen Sitten und Normen zum Maßstab zu machen und andere Völker aus der Sicht der eigenen Kultur zu betrachten.

(4) Plastizität und Spiegel der eigenen Wünsche

Mit der Plastizität ist gemeint, dass sich das Landesbild gestalten und formen lässt. Denn das Landesbild ist das Ergebnis einer Konstruktion. Der Konstruktionsprozess ist ein aktiver Vorgang. Er wird durch eigene Wünsche und Bedürfnisse gesteuert und ist in großem Maß subjektiv und selektiv. Aus diesem Grund sieht man in einem Landesbild nicht nur das fremde Land, sondern auch die Wünsche, die Entwicklung und den Zustand des eigenen Landes.

Heute gewinnt das Landesbild bei der Aufrechterhaltung der Beziehungen unter den Völkern an Bedeutung. Wie Politik, Wirtschaft und Militär gilt es als ein Bestandteil der Stärke eines Landes.[10] Es kann die Stellung eines Landes auf der Welt erhöhen oder senken, die diplomatischen Beziehungen verbessern oder verschlechtern. In der vorliegenden Arbeit wird das Deutschlandbild in einem DaF-Lehrwerk untersucht, weil ein fremdsprachliches Lehrwerk eine Quelle des Landesbildes darstellt. Bei der Konstruktion eines Landesbildes wirkt ein fremdsprachliches Lehrwerk mit, nicht nur aus dem Grund, dass Sprache und Kultur eng miteinander verbunden sind, sondern auch aus dem Grund, dass ein Lehrbuch Sekundärerfahrungen vermittelt.

---

[10] Vgl. He Hui, Liu Peng: Xinchuanmei huanjing zhong guojiaxingxiang de goujian yu chuanbo, Beijing 2008, S.15

3. Frame- und Script-Theorie

Um das Deutschlandbild in einem DaF-Lehrwerk zu beschreiben, werden hier Frames und Scripts gebraucht. *Frame* und *Script* sind zwei wichtige Konzepte in der kognitiven Linguistik. Damit lassen sich das Weltwissen und das Handlungswissen erfassen.

„Frame" ist ein Begriff bei Charles Fillmore, der 1975 aufgestellt wurde. Frames sind „Wissensbestände, die eher statisch organisiert sind, [...] die wir oft durch ein einzelnes Stichwort abrufen bzw. bezeichnen können". [11] Sie verkörpern Weltwissen über Gegenstände oder Sachverhalte. Zu dem Stichwort *Einkauf* z.B. gehören die Frames *Käufer, Verkäufer, Ware* und *Währung*.

Der Begriff „Script" wurde 1977 von Roger Schank und Robert Abelson aufgestellt. Damit sind „Wissensbestände, die eher prozessual organisiert sind, [...] die einen bestimmten Komplex aus dem [...] Handlungswissen abbilden" [12] gemeint. Scripts sind also Handlungswissen, das mit einer Situation verbunden ist. Zu dem Handlungsverlauf *Essen im Restautant* gehören z.B. Scripts *das Eintreten in das Restaurant, das Bestellen des Essens, das Essen, das Bezahlen, das Verlassen des Restaurants* usw.

Zwischen Frames und Scripts bestehen enge Zusammenhänge. Sie ergänzen sich und sind Schemata untergeordnet. Schemata sind „große und komplexe Wissenseinheiten, die die typischen Eigenschaften von Kategorienmitgliedern inventarisieren" [13].

Die Frame- und Script-Theorie findet oft in der semantischen Forschung Verwendung, kann aber auch zur Textanalyse benutzt werden. In Anlehnung daran lässt sich das Textthema mit Schemata gleichsetzen. Das Textthema ist durch eine Reihe von Frames und Scripts

---

[11] Linke, Angelika, Nussbaumer, Markus, Portmann, Paul R.: Studienbuch Linguistik, 5., erweiterte Auflage, Tübingen 2004, S. 267
[12] A.a.O., S. 267
[13] Busch, Albert, Stenschke, Oliver: Germanistische Linguistik, 2. Auflage, Tübingen 2007, S. 209

einzuleiten und zu entfalten. Anders gesagt, die Frames und Scripts verkörpern Kenntnisse und Wissen über das Textthema, und zwar den Textinhalt. Im Folgenden wird der Textinhalt anhand von Frames und Scripts analysiert und dadurch das Deutschlandbild in einem DaF-Lehrwerk dargestellt.

4. Ein DaF-Lehrwerk als Untersuchungsgegenstand

Das Studium der Hauptfach-Germanistik in China folgt weitgehend einem festen Lehrplan und setzt sich aus zwei Teilen zusammen, nämlich dem Grundstudium von zwei Jahren und dem Hauptstudium von zwei Jahren. Untersuchungsgegenstand der vorliegenden Arbeit ist ein deutsches Lehrwerk, nämlich *„Studienweg Deutsch"* (Kursbuch) in vier Bänden, das von dem chinesischen Verlag Foreign Language Teaching and Research Press herausgegeben ist. Es ist für den Intensivsprachkurs im germanistischen Grundstudium in China gedacht.

„Studienweg Deutsch" orientiert sich an den *„Rahmenplan für das germanistische Bachelor-Studium an Hochschulen und Universitäten"* (2006) in China. In dem Rahmenplan wird festgelegt, dass die Absolventen des Bachelor-Studiums Germanistik solide deutsche Sprachkenntnisse, breitgefächerte Wissenshorizonte, fachliche Kenntnisse, recht gute Qualifikationen und Qualitäten besitzen sollen. Mit dem breitgefächerten Wissenshorizont sind die Fachkenntnisse der Germanistik (wie z. B. Literatur und Linguistik), die Landeskunde der deutschsprachigen Länder, Kenntnisse über die kulturellen Unterschiede zwischen China und deutschsprachigen Ländern, über die Geschichte und die Gegenwart des Umgangs mit diesen Ländern gemeint.

Deshalb bemühen sich die Lehrbuchautoren von *„Studienweg Deutsch"* nicht nur, deutsche Sprachkenntnisse beizubringen, sondern auch Kulturwissen zu vermitteln. In dem Vorwort des Lehrwerks haben sie darauf hingewiesen:

„Thematisch überschreitet das Buch den erlebnisnahen Studentenhorizont in Richtung auf die natürliche, soziale und technische Umwelt, in der die Studenten sich sprachlich bewegen lernen. Viele Texte haben einen deutschen Hintergrund, um die Realität der

158

Zielsprache näherzubringen, vor allem aber um zur Identifikation mit dem Leben und Denken in den deutschsprachigen Ländern anzuregen."[14]

Das Lehrwerk hat insgesamt 51 Lektionen (12 Lektionen im Band 1, 15 Lektionen im Band 2, 12 Lektionen im Band 3 und 12 Lektionen im Band 4). Im Folgenden wird das Lehrwerk anhand von Frames und Scripts analysiert, um das Deutschlandbild in dem Lehrwerk zu präsentieren. Angefangen wird mit den Themen in dem Lehrwerk.

5. Deutschlandbild im DaF-Lehrwerk

Die Themenauswahl ist eine wichtige Frage, weil sie mit dem Landesbild viel zu tun hat. In der Linguistik wird das Textthema als „Kern des Textinhalts, wobei der Terminus *Textinhalt* den auf einen oder mehrere Gegenstände (d.h. Personen, Sachverhalte, Ereignisse, Handlungen, Vorstellungen usw.) bezogenen Gedankengang eines Textes bezeichnet"[15] definiert. Die Themen in den vier Bänden des Lehrwerks „*Studienweg Deutsch"* lassen sich in 10 Gruppen kategorisieren. Genau gesagt, sind folgende Themen behandelt:

Alltagsleben	Begrüßung und Vorstellung, Arztbesuch, Essen und Trinken, Freizeitbeschäftigung, Wohnen, Feste und Feiern, Reise, Einkaufen, Höflichkeit
Landeskunde	geographische Lage, Geschichte, Städte, deutsche Nationalhymne, über die deutsche Sprache
Politik	Parteien, Grundgesetz
Bildung	Studium und Studentenleben, Schule
Beruf	Bewerbung
Gesellschaft	Familie und Lebensformen, Werte, Männer und Frauen, Chinesen und Deutsche
Technik	Computer und Internet
Umwelt	Wetter, Klima und Umwelt, Ökologie und Ökonomie

---

[14] Liang, Min, Nerlich, Michael: Studienweg Deutsch (Kursbuch) (Band 3), Beijing 2006, S. II

[15] Brinker, Klaus: Linguistische Textanalyse: Eine Einführung in Grundbegriffe und Methoden, 4., durchgesehene und ergänzte Auflage, Berlin 1997, S. 54-55

Wirtschaft	Ökologie und Ökonomie
Kunst	Malerei, Theater, künstlerische Stile, Architektur

(Tabelle 1)

Der detaillierte Gesamtüberblick macht deutlich, dass die Themen in dem Lehrwerk einen großen Bereich abdecken und von der Gesellschaft und der Geschichte über die Politik, die Wirtschaft bis zur Erziehung und Umwelt reichen. Mit einem großen Angebot an Informationen stellt sich ein fremdsprachliches Lehrwerk als eine Quelle des Landesbildes dar.

Nun werden vier Themen aufgegriffen, die für das Deutschlandbild wichtig sind. Durch die Präsentation der Frames oder Scripts über das jeweilige Thema wird der Textinhalt analysiert und dabei das Deutschlandbild beschrieben.

5.1 Thema: Werte

Werte definieren Sinn und Bedeutung innerhalb einer Gesellschft und gewinnen heute in der von Pluralität gekennzeichneten Gesellschaft immer mehr an Gewicht. Vom T1, Lektion 1 im Band 4[16] können wir einen Einblick in die Werte von Deutschen bekommen. Zu dem Schema [Werte] zählen die Frames wie *Ehrlichkeit, Verlässlichkeit, Hilfsbereitschaft, Höflichkeit, Anstand, Fleiß, Pflichtbewusstsein, Toleranz, Gerechtigkeitsgefühl.*

5.2 Thema: Familie und Lebensformen

Familie und Lebensformen ist ein wichtiges Thema des gesellschaftlichen Lebens. Sie verändern sich mit der Entwicklung der Wirtschaft, Politik und Gesellschaft. In T1 von Lektion 8 Band 2[17] hat *Studienweg Deutsch* durch einige Dialoge das Alltagsleben einer deutschen Familie gezeigt. Zu dem Schema [Familie] gehören *der Vater als Bauingenieur, die*

---

[16] Vgl. Nerlich, Michael, Liang, Min: Studienweg Deutsch (Kursbuch) (Band 4), Beijing 2009, S.5-6
[17] Vgl. Nerlich, Michael, Liang, Min: Studienweg Deutsch (Kursbuch) (Band 2), Beijing 2006, S.165-166

Mutter als Zahnarzthelferin mit einer halben Stelle, ein 10jähriger Sohn und *eine 4jährige Tochter.* Während der Vater arbeitet, kümmert sich die Mutter um die Kinder und den Haushalt.

Während sich die Zusammensetzung der Familie und die Rollenverteilung zwischen dem Mann und der Frau in Deutschland seit 50 Jahren nicht verändert haben, befinden sich die Lebensformen der Deutschen im Wandel. Nach T2 von Lektion 8 Band 2 im *„Studienweg Deutsch"* (S.169-170) sind heute in Deutschland folgende Scripts zu dem Schema [Lebensformen] zu nennen:

Lebensform	Anteil
Normalfamilie	weniger als 1/4
Ehepaare ohne Kinder	mehr als 1/4
Single - Haushalte	mehr als 1/3
Freie Lebensgemeinschaft	——
Alleinerziehende	——
Patchwork-Familien	——

(Tabelle 2)

5.3 Thema: Computer und Internet

Die Kommunikation zwischen Mensch und Computer wird immer wichtiger, weil fast alle modernen Geräte heute Computer und Computerchips enthalten. Deshalb findet das Thema Computer und Internet einen Platz im Lehrwerk. Lektion 6 im Band 3 (S.109 - 112) hat Computer und Internet zum Thema.

Zu dem Schema [Computer und Internet] gehören Scripts wie *mit dem PC Musik hören, Filme sehen, chatten, mailen, Fotos bearbeiten, rechnen, surfen.*

Die Frage, wie sich die Mensch-Computer-Interaktion entwickelt, wird auch behandelt. Zu dem Schema [Gefühle der Deutschen gegenüber Computer] sind folgende Frames erwähnt: *Aggression gegen den PC als ein häufiger Fall, nur 24% der Befragten ohne Aggression gegen den PC.*

5.4 Thema: Studium und Studentenleben

Da „*Studienweg Deutsch"* chinesische Germanistikstudenten als Zielgruppe hat, ist das Thema Studium und Studentenleben ganz wichtig. Es wiederholt sich daher in diesem Lehrwerk. Fünf Lektionen beschäftigen sich mit diesem Thema, und zwar Lektion 9 im Band 1[18], Lektion 6 (S. 117-123), Lektion 7 (S.117-122) und Lektion 14 im Band 2 (S.148) sowie Lektion 1 im Band 3 (S.3-4). Behandelt werden die Schemata [das Studium], [das Studentenleben], [das Wohnen der Studenten] und [die Probleme an der Universität], was sich jeweils mit den folgenden Frames und Scripts zusammenfassen lässt:

[Studium]: *Abitur, Fach, Nebenfach, Dozent, Studienplan, Bachelor, Magister, Doktor, Vorlesung, Proseminar, Hauptseminar*

[Studentenleben]: *Frühes Aufstehen, Fahrt mit der U-Bahn zur Uni, Unterricht, Mensa, Lerngruppe, Tennis, Abendessen, Fernsehen, Selbststudium*

[Wohnen]: *Studentenappartement, WG, Mietwohnung, Wohnen bei den Eltern*

[Probleme an der Uni]: *schlechtes Mensaessen, schlechtes Studenten-Professor-Verhältnis, unangemessene Qualität des Unterrichts, Wohnprobleme der Studenten*

Nach der Beschreibung des Deutschlandbildes im Lehrwerk liegt nahe, dass das DaF-Lehrwerk für die Fremdsprachenlerner eine wichtige Quelle des Deutschlandes ist. Es eröffnet den Zugang zur deutschen Sprache, Kultur und Gesellschaft. Beim Lernen erwerben sich Lerner Kenntnisse und Informationen über Deutschland, womit sie das deutsche Volk und Land kennenlernen, bewerten und sich dabei ihr Deutschlandbild formen.

---

[18] Vgl. Liang, Min, Nerlich, Michael: Studienweg Deutsch (Kursbuch) (Band 1), Beijing 2004, S.246

6. Schlusswort

Das Thema Landesbild ist vielschichtig und komplex. Die vorliegende Arbeit hat das Deutschlandbild in einem DaF-Lehrwerk zum Untersuchungsgegenstand und konzentriert sich auf die Frage, inwieweit ein fremdsprachliches Lehrwerk zum Landesbild der Lernenden beitragen kann.

Da ein fremdsprachliches Lehrwerk ein großes Angebot an Wissen und Informationen über das Zielland enthält, baut sich ein Lerner beim Lernen durch das Lehrwerk sein Bild von dem Zielland auf. Dabei sind die beiden Typen Landesbild im Spiel: das Landesbild der Lehrbuchautoren bzw. das Landesbild der eigenen Gruppe auf der einen Seite und das Landesbild der Fremdsprachenlerner bzw. das Landesbild von fremden Gruppe auf der anderen Seite. Wie das Selbstbild und das Fremdbild stehen das Landesbild der Lehrbuchautoren und das der Fremdsprachenlerner im wechselseitigen Zusammenhang. Aber beim Lernen einer Fremdsprache spielt das Landesbild der Lehrbuchautoren eine größere Rolle. Es übt einen wichtigen Einfluss auf die Gestaltung des Landesbildes der Lernenden aus. Beim Lernen baut ein Lerner auf der Grundlage des Landesbildes der Lehrbuchautoren sein erstes umfassendes Bild über das Land.

Das Landesbild ist subjektiv, kann sehr differenziert und detailliert sein.[19] Das Landesbild in einem fremdsprachlichen Lehrwerk zeigt das Land in den Augen der Lehrbuchautoren und kann von der Realität abweichen. Deshalb wäre es ideal, wenn das Landesbild im fremdsprachlichen Lehrwerk möglichst objektiv und neutral dargestellt würde. Das ist besonders wichtig für die Lerner außerhalb des Ziellandes. Ein Lehrbuchautor sollte das Land lieber beschreiben als beurteilen. Er sollte das für das Land repräsentative Landesbild vermitteln und einige wenige periphere Merkmale oder Eigenschaften der Kultur außer Acht

---

[19] Vgl. Maletzke, Gerhard: Interkulturelle Kommunikation. Zur Interaktion zwischen Menschen verschiedener Kulturen, Opladen 1996, S.109

163

lassen. Ein Überblick ist die Voraussetzung für ein umfassendes Landesbild. Wenn das Landesbild zu farbig und detailliert wäre, wäre die Gefahr der Stereotype groß.

Das Landesbild befindet sich im Wandel. Bei der Themenauswahl sollte man als Lehrbuchautor die Aktualität beachten. Aber dabei darf man die Vergangenheit auch nicht vernachlässigen. Nur mit den Kenntnissen der Geschichte kann man das Heute besser verstehen.

Schließlich ist zu erwähnen, dass ein fremdsprachliches Lehrwerk nicht die einzige Quelle des Landesbildes ist, sondern lediglich eine Quelle unter zahlreichen anderen. In der Zukunft wird das Landesbild, das durch das Lehrwerk erworben ist, verbessert, bestätigt und verstärkt, oder verschlechtert.

Bibliographie:

Brinker, Klaus: Linguistische Textanalyse: Eine Einführung in Grundbegriffe und Methoden, 4., durchgesehene und ergänzte Auflage, Berlin 1997

Busch, Albert, Stenschke, Oliver: Germanistische Linguistik, 2. Auflage, Tübingen 2007

Dabrowska, Jorachna: Stereotype und ihr sprachlicher Ausdruck im Polenbild der deutschen Presse, Eine textlinguistische Untersuchung, Tübingen 1999

Guan Wenhu: Guojiaxingxiang lun, Chengdu 2000

He Hui, Liu Peng: Xinchuanmei huanjing zhong guojiaxingxiang de goujian yu chuanbo, Beijing 2008

164

Liang, Min, Nerlich, Michael: Studienweg Deutsch (Kursbuch) (Band 1), Beijing 2004

Liang, Min, Nerlich, Michael: Studienweg Deutsch (Kursbuch) (Band 3), Beijing 2006

Linke, Angelika, Nussbaumer, Markus, Portmann, Paul R.: Studienbuch Linguistik, 5., erweiterte Auflage, Tübingen 2004

Maletzke, Gerhard: Interkulturelle Kommunikation. Zur Interaktion zwischen Menschen verschiedener Kulturen, Opladen 1996

Merten, Klaus, Westerbarkey, Jochchim: Public Opinion und Public Relations, in: Merten, K., Schmidt, S. J., Weischenberg, S. (Hrsg): Die Wirklichkeit der Medien, Opladen 1994, S.188-211

Nerlich, Michael, Liang, Min: Studienweg Deutsch (Kursbuch) (Band 2), Beijing 2006

Nerlich, Michael, Liang, Min: Studienweg Deutsch (Kursbuch) (Band 4), Beijing 2009

Sun Youzhong: Guoji zhengzhi xingxiang de neihan ji qi gongneng, in: Guoji luntan, Nr. 3, 2002, S.14-21

Tang Guanghong: Lun guojiaxingxiang, in: Guoji wenti yanjiu, Nr 4, 2004, S.18-23

Zhou Haixia: Das Chinabild in den deutschen Medien, Manuskript der Doktorarbeit an der Beijinger Fremdsprachenuniversität 2012

Peter Lang · Internationaler Verlag der Wissenschaften

Djama Ignace Allaba

Literatur und Gesellschaft im interkulturellen Vergleich

**Max Frischs *Die Chinesische Mauer* und
Ahmadou Kouroumas *Der schwarze Fürst***

Frankfurt am Main, Berlin, Bern, Bruxelles, New York, Oxford, Wien, 2012.
247 S.
Cross-Cultural Communication. Vol. 23
Edited by Ernest W. B. Hess-Lüttich and Richard Watts
ISBN 978-3-631-63376-2 · br. € 49,95*
E-Book: ISBN 978-3-653-01694-9 · € 55,57*

Was hat die deutschsprachige Nachkriegsliteratur mit der postkolonialen
Literatur Afrikas zu tun? Welche intertextuellen Bezüge erlaubt die
Gegenüberstellung von Max Frisch und Ahmadou Kourouma? Diesen
komparatistischen Fragen – bezogen auf Epochen, Stile, Erzählformen,
Autoren, Themen, Probleme der Wechselwirkung und Rezeption – wird in
einem interkulturellen Diskurs nachgegangen. Dabei wird die Aktualität alter
Texte postuliert, indem Geschichte selbst als Text angesehen wird. Die Arbeit
thematisiert die gesellschaftliche Funktion von Literatur. Da die betrachteten
Literaturen unterschiedlichen Geschichts- und Gesellschaftsräumen
entstammen, findet die interkulturelle literaturwissenschaftliche Methodik
der Polychronie Verwendung, die einen asynchronen Vergleich ermöglicht.
Aus den Ungleichzeitigkeiten lässt sich ein polychrones Entwicklungswissen
ziehen, das nur durch die (Welt)Literatur möglich ist.

Inhalt: Sozialverhältnisse in der Nachkriegsliteratur und der (schwarz-)
afrikanischen postkolonialen Literatur · Aktualität von Frischs und Kouroumas
Gesellschaftskritik und deren Rezeptionsgeschichte · Interkulturelle
Germanistik als Entwicklungsforschung · Geschichte als Wiederholung des
ewig Gleichen · Geschichte und Literatur · Herrschaftsverhältnisse durch
die Geschichte · Macht und Technik · Aufgabe des Intellektuellen in der
Gesellschaft · Tradition und Moderne in den afrikanischen Gesellschaften

*inklusive der in Deutschland gültigen Mehrwertsteuer. Preisänderungen vorbehalten

Frankfurt am Main · Berlin · Bern · Bruxelles · New York · Oxford · Wien
Auslieferung: Verlag Peter Lang AG
Moosstr. 1, CH-2542 Pieterlen
Telefax 00 41 (0) 32 / 376 17 27
E-Mail info@peterlang.com
**Seit 40 Jahren Ihr Partner für die Wissenschaft
Homepage http://www.peterlang.de**